王杰精神的时代价值

济宁干部政德教育学院 编

齊魯書社

图书在版编目（CIP）数据

王杰精神的时代价值 / 济宁干部政德教育学院编
. -- 济南：齐鲁书社, 2021.6（2022.2 重印）
ISBN 978-7-5333-4448-1

Ⅰ. ①王… Ⅱ. ①济… Ⅲ. ①王杰（1942-1965）-
生平事迹 - 学习参考资料 Ⅳ. ①K825.2

中国版本图书馆CIP数据核字（2021）第094225号

责任编辑：裴继祥
装帧设计：赵萌萌
责任校对：王其宝　赵自环

王杰精神的时代价值
WANGJIE JINGSHEN DE SHIDAI JIAZHI
济宁干部政德教育学院　编

主管单位	山东出版传媒股份有限公司
出版发行	齊鲁書社
社　　址	济南市英雄山路189号
邮　　编	250002
网　　址	www.qlss.com.cn
电子邮箱	qilupress@126.com
营销中心	（0531）82098521　82098519　82098517
印　　刷	山东临沂新华印刷物流集团有限责任公司
开　　本	720mm×1020mm　1/16
印　　张	9
插　　页	4
字　　数	104千
版　　次	2021年6月第1版
印　　次	2022年2月第2次印刷
标准书号	ISBN 978-7-5333-4448-1
定　　价	38.00元

《王杰精神的时代价值》编写人员

主　　编： 张百顺

副 主 编： 姜永伟　李敬学

执行主编： 程广利　乔　明　肖玉钦

文稿编辑： （排名不分先后）

种淑娴　孔繁鹏　黄　云

王　琬　李光耀　周　侠

高玉玲　殷亚杰　袁华威

徐　菲　王　新　程　峥

李航航　汪亚洲　张玉宝

左　彤　李可阳　寻广跃

前 言

2013年11月，习近平总书记视察山东视察济宁，作出大力弘扬中华优秀传统文化的重要指示，强调“国无德不兴，人无德不立”。2018年3月以来，习近平总书记进一步强调“领导干部要讲政德”，要“加强政德修养、打牢从政之基”，提出要用好重要历史文化和革命资源来加强干部队伍建设，努力培养更多好干部。

2018年5月，山东省委组织部在济宁干部政德教育学院召开“干部政德教育丛书”编撰工作座谈会，组织有关专家、学者研讨系列教材编撰提升工作。按照山东省委组织部的工作部署要求，我们根据学员需求，结合教学实际，组织专家团队集中精力编撰“干部政德教育丛书”，主要包括《论语》《孟子》等经典译注、《中国儒学简史》《武氏祠汉画像诠释》等历史文化读本和《干部政德教育现场教学讲解词》《古今政德人物选编》等系列教材。丛书编撰坚持以习近平新时代中国特色社会主义思想为指导，认真贯彻落实习近平总书记关于弘扬中华优秀传统文化、领导干部要讲政德、学习宣传先进典型等重要指示精神，着力从中华优秀传统文化、革命文化、社会主义先进文化中深入挖掘思想智慧和时代价值，帮助干部增强文化自信，培育提升为政之德。

2021年是中国共产党成立一百周年。习近平总书记在党史学习教育动员大会上强调指出，“在一百年的非凡奋斗历程中，一代又一代中国共产党人顽强拼搏、不懈奋斗，涌现了一大批视死如归的革命烈士、一大批顽强奋斗的英雄人物、一大批忘我奉献的先进模范”，“要教育引导全党大力发扬红色传统、传承红色基因，赓续共产党人精神血脉，始终保持革命者的大无畏奋斗精神，鼓起迈进新征程、奋进新时代的精气神”。出生在山东省济宁市金乡县的伟大的共产主义战士王杰就是我们党革命英雄人物的优秀代表。他为了保护身边12名民兵和人民武装干部的生命而光荣牺牲，用生命践行了“一不怕苦、二不怕死”的精神，成为全党全军全社会学习的模范。2009年，王杰被评为100位新中国成立以来感动中国人物之一。

习近平总书记强调指出：“王杰精神过去是、现在是、将来永远是我们的宝贵精神财富，要学习践行王杰精神，让王杰精神绽放新的时代光芒。”为此，本书围绕弘扬王杰“一不怕苦、二不怕死”的大无畏精神，以图文并茂的形式，系统梳理了王杰烈士的成长历程，深入讲述了王杰“一心为革命”的感人故事，深刻阐发了王杰精神值得新时代党员干部学习继承的时代价值。希望《王杰精神的时代价值》这本书，能够帮助广大读者从学习王杰“一不怕苦、二不怕死”的精神中，继承他忠心向党的精神品质，体悟他“三不伸手”的道德风范，更好地学习榜样、崇尚英雄，传承好党的光荣传统和优良作风，真正在学史崇德中立好政德，积极为全面建设社会主义现代化国家凝聚精神、增添力量。

编　者

2021年5月

目 录

第一章

王杰精神的内涵及其形成

任何精神的产生都与这一时代的社会发展和时代背景密切相关，王杰精神也是如此。它产生于20世纪五六十年代，这一时期正是我国大规模社会主义建设时期。“在党的领导下，全国人民万众一心，发展工农业生产，改变贫穷落后面貌，建设伟大的社会主义国家。这是一个艰苦奋斗的年代，一个乐于奉献的年代，一个理想闪光的年代和一个意气风发的年代。”[①]正是在这种时代背景下，王杰脱颖而出，“两不怕”的王杰精神应运而生。伟大精神往往具有穿越时代的力量，50多年来，在王杰精神鼓舞下，全社会涌现出无数王杰式的先进人物和群体，他们以实际行动诠释和践行着王杰精神，并为王杰精神注入了新的时代内涵。

一、王杰精神的基本内涵

王杰精神是对王杰言行和事迹中所表现出的思想道德和崇高理想

① 中共中央党史研究室：《中国共产党历史》第2卷，中共党史出版社2011年版，第705页。

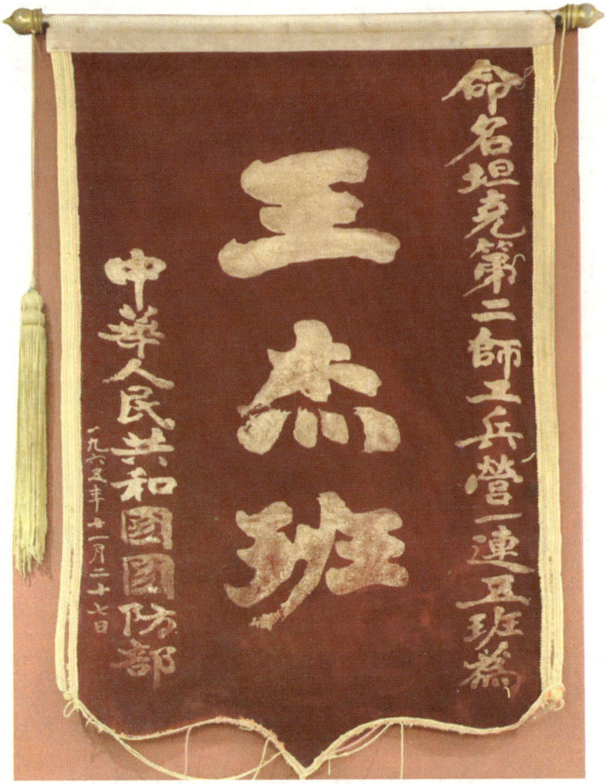

“王杰班”锦旗

的高度概括，是以王杰名字命名并且在实践中不断丰富和发展的中国共产党革命精神的一部分。其核心内涵可以高度概括为三大方面，具体包括：无限忠诚、为党为民的“一心为革命”精神；血性担当、无畏牺牲的“两不怕”精神；干净无私、永葆本色的“三不伸手”精神。王杰精神内涵丰富、意蕴深刻，已深深地融入了中华民族的血脉基因，成为中华儿女共有的精神财富。

（一）王杰精神的三大构成

1965年7月14日，济南军区坦克二师工兵营一连五班班长王杰在江苏邳县张楼公社组织民兵进行地雷实爆训练时，拉火装置突发意外，危急时刻，王杰为掩护在场的12名民兵和人民武装干部，奋不顾身地扑向炸点，壮烈牺牲，用年仅23岁的宝贵生命诠释升华了“一不怕苦、二不怕死”的革命精神。

王杰牺牲后，他那10万多字的日记被战友发现：“为了党，我不怕进刀山入火海，为了党，哪怕粉身碎骨我也心甘情愿。”[①]“我们要一不怕苦，二不怕死。做一个大无畏的人。”[②]“虚荣的人注视着自己的名字；光荣的人注视着祖国的事业！”[③]……字里行间处处洋溢着英雄的崇高思想，折射出这位年轻战士伟大的思想境界。

王杰精神的“一心为革命”就是对党的无限忠诚。“一心为革命”是王杰最可贵的品格，是他的英雄行为的基础。王杰从小就热爱祖国，热爱党，热爱人民。为革命，他处处以英雄人物为榜样，如饥似渴地学习革命英雄的崇高品德，以革命英雄为镜子，对照自己，鞭策自己积极上进。为革命，党叫干啥就干啥，党指到哪里就冲向哪里，踏踏实实，埋头苦干，个人利益无条件服从于革命利益。为革命，他毫不利己，专门利人，以深厚的无产阶级感情对待同志，对待人民，把爱护、关心、帮助别人当作最大的幸福，把舍己救人当作最大的光荣。[④]当兵四年，王杰始终初心不改，矢志不渝，秉承着“一心为革命”的理想信念，把自己的命运与党和人民的事业紧密联系在一起，自觉成为共产主义远大理想的坚定信仰者和忠实践行者。

王杰精神的“两不怕”就是勇于吃苦、敢于牺牲的血性担当。王杰在日记中写道：“为革命胜利勇于牺牲。”“做革命军人岂能管

---

①《王杰日记》，人民出版社1965年版，第54页。

② 王杰生前所在部队编：《王杰》，解放军出版社1990年版，第102页。

③《王杰日记》，人民出版社1965年版，第79页。

④《一心为革命　一切为革命——向毛主席的好战士王杰同志学习》，《解放军报》1965年11月8日。

个人安危。”[①]王杰把毛主席著作视为“阳光”“空气”“粮食”。[②]他勤奋认真地学习，并且明确认识到：“干革命是要吃苦的。”[③]在工作中，王杰总是抢着干最苦的事情，争着挑最重的担子，吃大苦，耐大劳，充分发扬了为革命不怕苦的精神。[④]冬季训练架桥，是他带头跳进寒冷刺骨的水里打桩；山洪暴发，卷走了施工器材，又是他第一个奔去抢救。他努力学习董存瑞、黄继光、邱少云“视死如归、不怕牺牲”的战斗精神，在生与死的危急关头，临危不惧，英勇献身，用自己的纵身一扑挽救了12名民兵和人民武装干部，用生命践行了自己“一不怕苦、二不怕死”的铮铮誓言。王杰同志面对困难毫不退缩，面对挑战毫不畏惧，在危险面前敢于挺身而出，在艰难困苦中接受党性锤炼和思想洗礼，时时处处体现着共产党人勇于担当、不怕牺牲的政治品格。

习近平总书记强调：“战斗作风要过硬，发扬一不怕苦、二不怕死的精神，敢于冲锋陷阵，敢于迎战强敌。”[⑤]中国共产党自诞生之日起，就义无反顾地肩负起拯救中华民族于水火、实现中华民族伟大复兴的历史重任。在血雨腥风的岁月里，党以不怕牺牲的革命精神，领导中国人民推翻“三座大山”，实现了民族独立和人民解放。和平建设时期，我们党面临“四大考验”，继续传承和弘扬“两不怕”精神

---

①《王杰日记》，人民出版社1965年版，第33页。

②《王杰日记》，人民出版社1965年版，第24页。

③《王杰日记》，人民出版社1965年版，第35页。

④《一不怕苦　二不怕死——学习王杰同志一心为革命的崇高精神》，《人民日报》1965年11月8日。

⑤《习近平春节前夕视察看望驻西安部队》，《人民日报》2015年2月18日。

激流中的王杰

是成功应对各种困难和挑战的重要法宝。

王杰精神的“三不伸手”就是干净无私、永葆本色的高尚情操。1964年3月3日，王杰在日记中郑重写下：“牢记：在荣誉上不伸手，在待遇上不伸手，在物质上不伸手。”[①]这“三不伸手”不仅体现了王杰的价值追求，更折射出英雄崇高的思想境界。面对荣誉，王杰淡泊名利，始终保持清醒的头脑、谦虚的态度。他善于自省，敢于说不，勇于承认错误和承担后果，在荣誉面前不伸手。面对待遇，王杰从不计较个人得失，总是吃苦在前，享受在后，克己奉公，无私奉献，在待遇面前不伸手。面对物质，王杰严格要求自己，始终保持艰苦朴素、勤俭节约的优良作风，坚持党和人民的利益高于一切，个人利益永远服从党和人民的利益，在物质上不伸手。“三不伸手”彰显了共产党人干净无私、永葆本色的奉献精神。面对名利的诱惑，争先易，

①《王杰日记》，人民出版社1965年版，第80页。

王杰在激流中打桩

知止难，能否做到“知止”是对一个人党性纯洁、思想纯洁、信仰纯洁的检验，可以看清一个人的思想底色。无论时代怎样变迁，“三不伸手”的精神始终熠熠生辉。

（二）党和国家领导人倡导的“两不怕”精神

在中共九届一中全会上，毛泽东主席指出：我赞成这样的口号，叫做“一不怕苦，二不怕死”。

最初，“两不怕”这句口号诞生于解放军驻西藏部队。1952年4月，为了修筑长达2400多公里的川藏公路，十八军某部的二连官兵发出誓言：“我们的战士都不是神仙，而是凡人。但我们有一不怕苦、二不怕死的革命精神。”后来，在中印边境自卫反击战中，某部二连六班班长阳廷安带领战士们喊着“一不怕苦、二不怕死”的口号冲向敌军纵深，他和6名战士壮烈牺牲了，却换来了重大胜利。这句

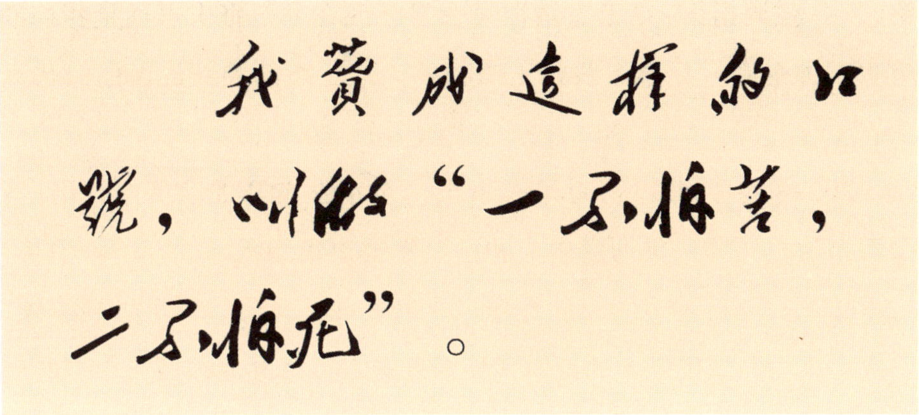

毛泽东主席赞成的口号

口号逐渐在部队里流传开来。

1965年5月1日，王杰在日记中写下：“我们要一不怕苦，二不怕死。做一个大无畏的人。”王杰牺牲后，党和国家领导人对王杰表现出的“两不怕”精神给予了高度评价。自此，“一不怕苦、二不怕死”成了人民军队的光荣传统，成了解放军威武之师响亮的口号之一。

1980年12月25日，邓小平同志在中央工作会议上就加强思想政治工作强调指出：提倡和表彰“一不怕苦，二不怕死”。

1992年1月19日，江泽民同志亲临王杰生前所在连视察，称赞“王杰是一面旗帜”，并亲笔题词：弘扬“两不怕”精神，培育“四有”革命军人。

2005年，在纪念王杰牺牲40周年之际，胡锦涛同志作出批示：继续大力倡导“一不怕苦，二不怕死”的精神。

2017年12月13日，习近平总书记视察王杰生前所在连时说：“一不怕苦、二不怕死是血性胆魄的生动写照，要成为革命军人的座右铭。”并强调指出：“王杰精神过去是、现在是、将来永远是我们的宝贵精神财富，要学习践行王杰精神，让王杰精神绽放新的时代光芒。”①

2021年1月4日，习近平总书记向全军发布开训动员令，指出：全军指战员要坚决贯彻党中央和中央军委决策指示，发扬一不怕苦、二不怕死战斗精神，端正训练作风，磨砺战斗意志，锤炼过硬本领，坚决完成党和人民赋予的新时代使命任务，以优异成绩迎接中国共产党成立100周年。

习近平总书记关于王杰精神的一系列重要论述，既彰显了时代特色，又反映了时代所需，为新时代王杰精神的弘扬和传承指明了方向，提出了要求，具有重要的指导意义。

“一不怕苦、二不怕死”是王杰精神的核心，是革命军人的座右铭。半个世纪以来，王杰精神除了在军队得到很好的传承，社会各界也都涌现出了许多为党分忧、为国尽责、为民奉献，勇于担苦担难、担重担险，英勇践行“两不怕”精神的英雄个体和群体。他们是隐姓埋名数十载，为新中国建设做出巨大贡献的科学家；初心不改奋斗不止，为当地脱贫攻坚和社会建设做出巨大贡献的党员干部；与病毒短兵相接，为患者筑起生命屏障的白衣战士；疫情中舍小家顾大家，为医护人员解决衣食住行之忧的志愿者；洪水汹涌中，那些挺身而出、拯救人民于危难中的最美逆行者……

万涓成水，汇流成海。新时代，正是因为有了无数坚守初心、无

---

①《深入学习贯彻党的十九大精神　全力推进新时代练兵备战工作》,《解放军报》2017年12月15日。

私奉献、淡泊名利、艰苦奋斗的英雄们，我们才能凝聚起强大力量，不断攻坚克难，在实现中华民族伟大复兴的中国梦的道路上行稳致远。在建设富强、民主、文明、和谐、美丽的社会主义现代化强国的征程上，“王杰”已不再是一个简单的名字，它是一种精神、一种信念，与时代同呼吸、共前进！激励着一代又一代中国人勠力同心、不懈追求、接力奋斗！

二、王杰与王杰精神的形成

王杰先进事迹和王杰精神的出现，不是孤立的、偶然的，是在特定时代环境、特定的历史背景中，在党和国家的培养教育下，在革命精神和共产主义理想道德的熏陶下，以及在王杰强烈的主体自觉意识下形成的。它与王杰的成长经历、军队中的“烈火淬炼”、学习毛主席著作及践行的过程等因素密切相关。其中，王杰精神的形成是王杰个人经历的生动体现，也是时代发展的重要体现。

（一）生在旧社会，长在红旗下，成在大时代

王杰，原名王遵明，乳名芳，1942年秋出生于山东省金乡县城北华垴村。父亲王儒堂，母亲张淑英，家中兄妹六人，王杰排行第二。当时王杰祖父母健在，父亲兄弟三人还未分家，第三代子女较多，家中生活十分困难。

王杰的童年正值全面抗战最艰难的时期。在王杰的家乡，日本侵略军制造了惨绝人寰的“金乡惨案”，城内的三千多民工和居民遭到残忍杀害，日军犯下了滔天罪行。日军占据县城，通过地方伪政府巧立名目、对农产品低收高出、强买强卖，劳苦大众有纳不完的苛捐杂税、干不完的劳工苦役，生活苦不堪言！1945年8月15日，日本侵略

者无条件投降，中华儿女都盼着走出战争的阴霾，过上安定团结的生活，没想到国民党蒋介石却挑起了可怕的内战，致使全国人民再遭涂炭。1947年王杰的伯父王廉堂被国民党抓了壮丁，“还乡团”地主武装疯狂反扑清算，王杰家被抢掠一空，房子被烧毁，堂嫂也被蹂躏致死，整个华堌村陷入一片火海。王杰对旧社会的种种恶行看在眼里、恨在骨里，他渴望和平幸福的新生活。

艰难困苦，玉汝于成。在中国共产党的领导下，全国各族人民万众一心，同仇敌忾，先后夺取了抗日战争和解放战争的胜利，赢得了民族独立和人民解放。1948年，金乡彻底解放。红色革命的火种在这块土地上迅速生根发芽，开花结果。新社会非常重视文化教育，华堌村积极响应政府号召，成立了华堌村小学。王杰的伯父王廉堂曾在私塾读过几年书，颇有文化功底，被聘为学校教员，小王杰成为该村小学第一批学生。

王杰上的第一堂课，所学的内容就是“毛主席万岁！”“中国共产党万岁！”这两句话是当时广大翻身人民对伟大领袖和伟大政党发自内心的最真实的声音。经历过战争之苦的王杰，深刻感受到是共产党、毛主席，让中华大地结束了上百年的纷争与战乱，让老百姓分得了土地，获得了安宁，没有共产党就没有新中国！从此，一颗爱党、爱国、爱新社会的种子在王杰心里扎下了根。他踊跃参加儿童团，加入少年先锋队。崇尚英雄的王杰，征得父母同意将自己的学名“王遵明”改为“王杰”。

王杰立志努力学习，做个有文化、有知识的人。同时积极参加集体劳动，当饲养员、帮记工分、帮生产队算账等，这不仅让王杰养成了热爱劳动的品质，也培养了集体主义观念。

抗美援朝期间，全国进入战备状态，赴朝志愿军将士冒着枪林弹雨勇敢冲锋，顶着狂轰滥炸坚守阵地，杨根思、黄继光、邱少云、罗盛教等一大批英雄和众多功臣集体的故事，传扬在中华大地上。英雄们为党和人民英勇献身的事迹深深感染着王杰。王杰发誓，将来长大后也要参军入伍，做一名保家卫国的英雄！

20世纪60年代初期，社会主义建设取得初步成就，但是我国周边环境不太平。一大批有志青年响应国家号召，纷纷参军入伍，决心用自己的青春和血汗保卫祖国安全，为新中国的社会主义建设添砖加瓦。王杰也是他们中的一员。19岁的王杰毅然放弃升学机会，进入了火热的军营。经过军营的历练和时代的锻造，王杰从普通士兵快速成长为一名共产主义战士。他大学毛主席著作，改造思想；他甘当工兵，苦练本领；他血书请战，以身许国；他纵身一扑，舍生取义。

时代潮流浩浩荡荡，王杰的一生短暂而又辉煌。他听着英雄的故事长大，体会了新中国成立前后的社会变迁，积极投身于热火朝天的社会主义建设。王杰成长的时代是一个中国劳苦大众得以翻身解放的大时代！也是一个无产阶级当家做主的社会主义新时代！这是一个亿万中国人民重建家园、保家卫国、发展社会主义生产力的大时代！也是一个全国上下焕发勃勃生机，层出不穷地涌现英模人物的大时代！新中国这个时代的创举与成就，使国人振奋，让世界瞩目。时势造英雄，个人只有融入了大时代，把个人的追求与时代前进的方向相一致，才能更好地实现个人的价值。

（二）起源于孔孟之乡，成长于红色沃土，淬炼于军队熔炉

伟大出于平凡。山东省济宁市历史悠久，文化底蕴深厚，是儒家文化的发祥地。这里诞生了至圣孔子、复圣颜子、宗圣曾子、述

圣子思子及亚圣孟子。儒家思想中仁者爱人的为民情怀、舍生取义的民族气节、三省吾身的修身智慧等都为王杰的成长提供了重要的文化滋养。

金乡有着悠久的历史文化，红色文化底蕴深厚。据县志记载，金乡县在4000多年前的夏朝时期被称为有缗国，秦朝开始设县，东汉初更名为金乡，至今已有近2000年的建县史。这里文渊武盛，孕育了汉初名将彭越、“建安七子”之首王粲、魏晋玄学大师王弼、“三十六计”始作者檀道济、清代儒将周一德等一大批仁人志士，还是历史上著名的“鸡黍之约”和“杨震拒金”的故事发生地。1937年11月，中共鲁西南工委在这里建立，统一领导金乡、单县、济宁等地党组织开展抗日救亡运动。在这片红色的沃土上，孕育了无数的英雄儿女，其中有金乡第一位共产党员马希文、早期共产党员翟子超、杨一辰、周冠五、秦和珍等。1947年鲁西南战役在这里决战，揭开了人民解放军战略进攻的序幕。在中华民族实现独立自由的伟大斗争中，金乡人民以极大的革命热情积极参军、支援前线，当时金乡的总人口不足30万，就有12万余人支前，牺牲的干部群众达到5000余人，成为革命斗争的桥头堡和支援前线的大后方。

优秀的传统文化与红色革命文化涵养了金乡大地淳朴的民风和淳厚的家风。金乡王氏家族，素有忠信为本、勤俭持家、自立自强、努力进取的优良传统，少年王杰受到了良好的启蒙教育。据村里的老人回忆，王杰从小就爱缠着伯父和村里的老人讲《三国演义》《水浒传》、精忠报国、“鸡黍之约”的故事，以及刘邓大军“腊八打城”、羊山战役和万福河阻击战的革命英雄故事，逐渐养成了忠厚善良、坚毅勇敢的品格。

一方水土养一方人。优秀的传统文化、红色文化以及优良家风的多重影响，对王杰的成长起到了很好的启蒙作用。

1958年7月，16岁的王杰以优异的成绩考入金乡一中初中部。这所学校曾被称为“小抗大”，创办之初为“湖西抗日中学”，也是王杰红色革命精神成长的摇篮。冀鲁豫边区行署湖西专署专员李贞乾是第一任校长，他在1942年12月抗击日军的马桥战斗中，为了掩护同志们突围，壮烈牺牲。首任校长的牺牲精神，对学校红色革命传统的养成起到了非常重要的作用。金乡一中长期坚持对新生进行校史教育，重点讲述李贞乾壮烈牺牲的事迹，王杰入校受教育后，对自身触动很大，为其精神的养成奠定了基础。从建校到1949年，这所学校培养了1000多名革命人才，是全国人大常委会原副委员长田纪云的母校。

红色基因代代赓续，1949年6月，几易其名的“湖西中学”迁至金乡，更名为“金乡中学”。经历了抗日战争和解放战争炮火硝烟洗礼的金乡中学已经将革命的种子融入血脉，在教授学生知识的同时，非常注重学生革命精神的养成。20世纪60年代，教师们经常在课余时间给同学们讲述抗日战争、解放战争时期革命先辈抛头颅、洒热血，为新中国成立而奋斗的故事，还有黄继光、邱少云等抗美援朝英雄的事迹；经常组织同学们观看英雄影片《扑不灭的火焰》《董存瑞》《上甘岭》《狼牙山五壮士》；每逢清明节组织学生到羊山烈士陵园扫墓，还组织参与迁葬烈士英骨的活动。正是在这种学风和校风的熏陶下，王杰最终确立了努力学习、从军报国的伟大理想，19岁那年王杰放弃升学机会，投笔从戎。

军营如炉，悄然锻造着一块块好钢。初入军营，王杰来到驻防徐州的中国人民解放军6057部队，也就是原济南军区坦克二师，成为该师工兵营一连六班的一名工兵战士。王杰所在的工兵一连是一个光荣连队，在国防施工中连续两年被评为“红旗连”。他所在的六班，更是抗美援朝时的“二等功臣班”，三级战斗英雄、副连长高绍忠就是当时的六班长。一下连队，王杰就来到了功臣班，内心的喜悦之情无以言表，更加坚定了向英雄学习、争做工兵先锋的决心。

苦练本领，脱颖而出。以文化兵身份入伍的王杰，梦想着有朝一日能够驾驶着坦克驰骋沙场，但当工兵的现实分配让王杰一度出现短暂的情绪波动。在指导员冯安国的耐心开导下，王杰通过认真学习毛主席著作，深刻改造思想，对标连队战斗英雄，快速调整心态，下定决心踏踏实实做好一名工兵。王杰在理论学习中积极主动，军事训练认真刻苦，灾区抗洪奋勇当先，国防施工不怕苦累。入伍不到半年，王杰就被评为“打锤标兵”，在同年兵中第一个加入中国共产主义青年团，入伍两年就考得工兵五大专业“满堂红”，被评为一级技术能手。当兵4年，王杰3次被评为“五好战士”，2次荣立三等功，1次被评为“模范共青团员”，多次被评为“优秀士兵”，成为同年应征入伍士兵中的佼佼者。

大学毛主席著作，改造思想。王杰精神的形成，与学校培养、军营锻造息息相关，更离不开毛主席著作对他的影响。刚来到连队，王杰问指导员：“我戴上军帽、穿上军装了，现在算是个革命战士了吧？”指导员亲切地对他说：“要成为一个真正的革命战士。必须好好改造思想，改造思想最根本的一条，是学习毛主席著作。”[1]听了这

① 王杰生前所在部队编：《王杰》，解放军出版社1990年版，第109页。

1962年，王杰响应党中央号召学习毛主席著作，用鲜血写下了“大学毛著”四个大字

番话，王杰默默地写下了“大学毛著”四个大字，以示自己学习毛主席著作的决心。毛主席著作是部队政治理论学习的重要内容。1963年，全国掀起学习雷锋的热潮，王杰深受感染，决心像雷锋那样做毛主席的好战士，用毛泽东思想武装自己的头脑。1964年7月31日，王杰在日记中写道：“毛主席著作和‘空气、阳光、粮食’一样重要。革命战士任何时候都必须学习毛主席著作。”[①]20世纪60年代物质匮

① 王杰生前所在部队编：《王杰》，解放军出版社1990年版，第80页。

乏，购书困难，但这并没有让王杰放弃。发了津贴之后，王杰第一时间就赶到新华书店买书，借战友冯明臣的书，借指导员冯安国的书，托伯父在家向亲戚朋友借书。拿到书的王杰白天学晚上学，利用一切能利用的时间学。他不仅自己学，还带领着全班战士们一起学。王杰在学习毛主席著作时，还虚心向老战士请教心得体会。通过与学习毛主席著作积极分子胡承俭交流，王杰解决了学习毛主席著作时如何结合党史、如何把改造客观世界与改造主观世界结合起来等问题，提升了思想觉悟。

王杰学习毛主席著作非常注意活学活用、学以致用。对于《毛泽东选集》第1卷至第4卷及《为人民服务》《愚公移山》《矛盾论》《实践论》等单行本，他已不知读过多少遍，并细细地领会其中的道理。在工作中，他遵循毛主席全心全意为人民服务的教导，懂得了工作的目的和意义，再不嫌修工事艰苦了。在教学训练中，王杰在一篇题为“我在教学中是如何体现郭兴福教学方法的”书面汇报材料当中，谈了他在大练兵时期对毛泽东思想的运用：“在集训时我们的时间很紧，每天只有在家吃饭的时间，吃完饭就练，同志们劲头很大。同志们的劲头再大，如果不做好思想工作，这种劲头不会持久的，为了贯彻始终就利用晚饭后的时间学习毛主席著作，着重学习了《为人民服务》、《纪念白求恩》、《愚公移山》、《中国社会各阶级的分析》、《将革命进行到底》五篇文章。”[①]“由于思想工作做得好，在天冷地冻的情况下能完成任务，在腰酸腿痛的情况下能坚持作业，在下雨、下雪的天气能

① 韩义祥：《100位新中国成立以来感动中国人物　王杰》，吉林文史出版社2012年版，第66页。

照常练武。”[①]王杰帮助全班战士从毛主席著作中汲取强大的精神力量，此后，班里的战士们再也没出现抱怨的情绪。坚持学习毛主席著作，极大地提升了王杰的思想境界，他正确地思考了革命事业、荣誉待遇、个人作用、集体力量、个人与集体之间的关系等一系列问题。王杰就是这样在毛主席著作的影响下，逐步从一个普通的战士成长为一名伟大的共产主义战士。

淬火沂蒙，精神升华。在王杰四年的军旅生涯中，有四分之一的时间是在沂蒙山区度过的，老区人民爱党爱国、吃苦耐劳、勇往直前、无私奉献的精神，深深地感染着王杰。施工期间，由于技术过硬，王杰被分到危险性极高的爆破组，担任了爆破班副班长。他爬高空、打炮眼、排险石，处处争先。战友们都说，哪里有危险，哪里有困难，哪里就有王杰！他右手烫伤打着绷带，仍坚持在施工一线扶钎，轻伤不下火线，坚守施工阵地。1964年2月19日，王杰在日记中写下：“为了完成国防施工，不怕粉身碎骨。现在苦些是为了千万人民不受苦，什么样的苦我都能忍受。”[②]还有“不怕工作苦和累，愿把青春献人民”[③]，以及“三不伸手”“人生四问”等多篇精彩的日记均出自这个时期。由于表现突出，王杰被选送到莱阳，参加全军“郭兴福式教学法”培训，后来被军区表彰为“郭兴福式”四会教练员。

胸怀祖国，放眼世界。1964年9月，本可以服役期满回家完婚

---

① 韩义祥：《100位新中国成立以来感动中国人物　王杰》，吉林文史出版社2012年版，第66页。

② 王杰生前所在部队编：《王杰》，解放军出版社1990年版，第56页。

③ 王杰生前所在部队编：《王杰》，解放军出版社1990年版，第56页。

的王杰，因为国家和部队的需要，最终选择了超期服役。1965年初，王杰担任一连二排五班班长，同时五班又被确定为全连实战化练兵的先行班和尖子班，他创造性地开展了坦克道上埋地雷、密林布雷、夜间作战等一系列技术革新。1965年五一劳动节这天，王杰第一个血书请战："坚决支援越南的斗争，我要当一名志愿军！"[①]表现出了崇高的国际共产主义精神。血书震撼了整个军营，战友们以王杰为榜样，纷纷写下请战书。

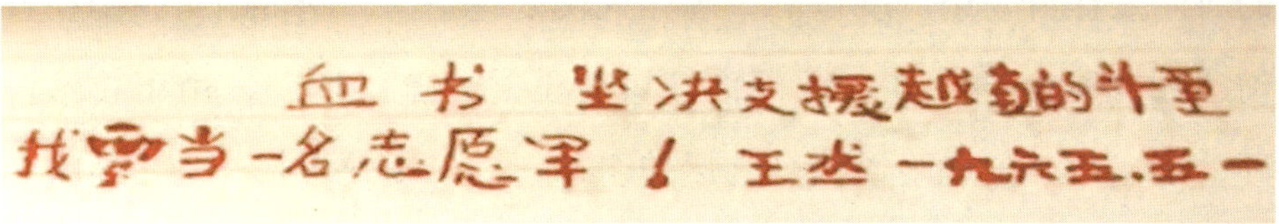

王杰手书的血书

军队历来就是一个培养人才、锻造人才的大学校、大熔炉，吸引着无数热血青年投身军旅。而王杰就是他们中的杰出代表，是军队这个大熔炉让王杰筑牢了信仰之基，补足了灵魂之钙，练就了过硬之身，最终淬炼成为一块意志坚定、体魄强健、理想远大、敢于担当的"纯钢"。

纵观王杰的一生，红色沃土的滋养、军营的淬炼、时代的孕育成就了王杰精神。在王杰精神的形成和发展过程中，有三个重要节点。一是：1961年7月，19岁的王杰放弃升学读高中的机会，响应国家号召参军入伍，满腔热情地投笔从戎。二是：1965年7月14日，王杰教

① 韩义祥：《100位新中国成立以来感动中国人物　王杰》，吉林文史出版社2012年版，第37页。

导民兵进行实爆训练，关键时刻，他毅然决然地选择了舍生取义，纵身一扑。三是：2017年12月13日，习近平总书记视察王杰生前所在部队时说：“我小时候就知道王杰的故事，王杰是我心目中的英雄！”并强调：“‘两不怕’精神过去是、现在是、将来永远是我们的宝贵精神财富。……要学习践行‘两不怕’精神。”这是对王杰精神最直接、最有力的肯定，也是向全党、全军、全社会发出的学习王杰精神的最强音。50多年来，王杰精神代代相传，其内涵历久弥新，成为中华民族精神的组成部分。

铮铮铁骨军人风，雄浑激荡奉献情。伟大的精神不会过时，今天，全党全军及全国各族人民团结在以习近平同志为核心的党中央周围，学习英雄事迹，弘扬英雄精神，在新时代的征程上接续奋斗，谱写着属于新时代的壮丽凯歌。

三、王杰精神的接续传承

王杰精神体现了中国共产党人的革命精神与道德理想，是中国共产党人革命精神的生动体现。王杰精神的宣传学习经历了由部队学习向全民学习的过程，每个历史阶段对王杰精神内涵的解读、纪念方式和宣传载体层出不穷，涌现出了许多“王杰式”的人物和英模群体。王杰精神辐射出强大的感召力量，成为全社会学习的榜样力量和价值标杆。

（一）全面宣传和学习的高潮阶段

起初，王杰的牺牲是按事故来进行调查的。但调查组通过深入走访，很快发现这不是一般意义上的事故，而是英雄行为。同时，他们又发现和学习了王杰日记，印证了对王杰英雄行为的判断。当时的济南军区政治部青年部副部长崔毅同志在了解了事情经过后，首先认定王杰是个大典型，并向军区做了报告。随后，由军区、济装、师政治部组成了王杰事迹调查组，开展充分调查和现场实爆试验，最终还原了事实真相，并初步整理了英雄王杰的感人事迹。

1965年9月20日，根据王杰的表现和生前请求，部队党委追认王杰为中国共产党党员。紧接着，济南军区召开党委常委办公会议，决定在全军区更加广泛深入地展开宣传王杰的活动。首先是济南军区《前卫报》和《徐州日报》及驻地广播电台，率先报道了王杰舍己救人的英雄事迹，并摘登了王杰的部分日记。随后，中央人民广播电台和《人民日报》《光明日报》《中国青年报》等报刊均突出报道了王杰的事迹和日记。总参谋长罗瑞卿大将听到了广播并看了报纸之后，当即打电话向有关部门查询此事，他对王杰的日记、模范事迹给予了很高的评价，随即向中央军委和党中央做了汇报，中央很快作出了重要指示，在全国范围内大力宣传王杰。

人民日报
RENMIN RIBAO

“要奋斗就会有牺牲，死人的事是经常发生的。但是我们想到人民的利益，想到大多数人民的痛苦，我们为人民而死，就是死得其所。” 毛泽东

社论 一不怕苦 二不怕死
——学习王杰同志一心为革命的崇高精神

解放军总政治部、全国总工会、共青团中央
号召学习王杰同志一心一意为革命

象王杰那样做毛主席的好战士

《人民日报》关于王杰事迹的报道

1965年10月，来自全国的70多名记者云集坦克二师。他们为了“争抢”第一手线索，纷纷要求住进部队，王杰生前所在连就住进了20多位记者，有的记者与战士同

住在营房里，有的记者干脆打起了地铺。[①]

1965年11月6日，解放军总政治部、全国总工会、共青团中央、全国妇联分别发出通知，号召向王杰同志学习。随后，教育部、国家体委也分别发出通知，号召全国广大师生、全国体育工作者学习王杰"一不怕苦、二不怕死"的革命精神。11月上旬，《人民日报》《解放军报》《新民晚报》连续发表《一心为革命　一切为革命》《一不怕苦　二不怕死》《毛主席怎样说的，我就怎样做》《从雷锋到王杰》《学好人好事，做好人好事》等多篇社论。其中，《解放军报》用12个头版头条、21个整版刊登了王杰事迹。新华社、《解放军报》联合撰写了长篇通讯《革命青春的赞歌》。

王杰的事迹引起了党和国家领导人的高度关注和赞扬。朱德、叶剑英、董必武、陆定一、许光达等一大批领导同志纷纷挥毫题词，高度评价王杰一心为革命的品德和"一不怕苦、二不怕死"的精神。周恩来总理还亲笔抄录了王杰的诗：

座座高山耸入云，
我们施工为人民。
不怕工作苦和累，
愿把青春献人民。

在党和国家领导人的号召下，在媒体的宣传推动下，在王杰先进

① 汪林编著：《英雄模范共产党员故事汇　王杰》，青海人民出版社2021年版，第222页。

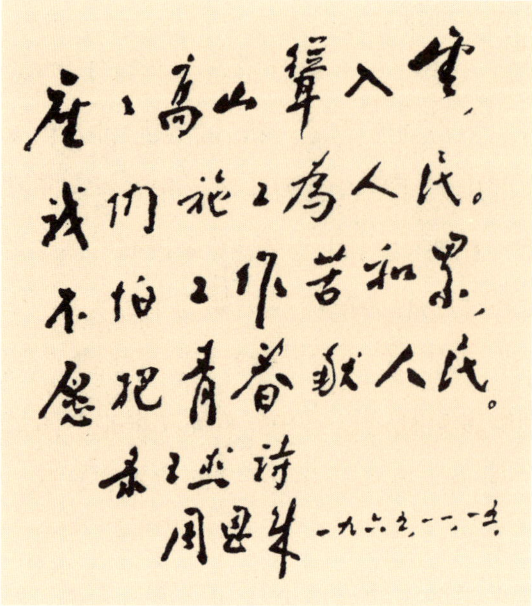

周恩来总理亲笔抄录的王杰的诗

事迹的感召下，一场波澜壮阔的学习王杰同志“一不怕苦、二不怕死”的革命精神的热潮，在全国迅速开展起来。从中央到地方，从部队到社会，都开展了各种形式的王杰纪念与学习活动。以王杰事迹为题材的文学创作也成为宣传王杰精神的重要形式。1965年11月，《解放军报》和《前卫报》以最快的速度分别编辑出版了《王杰日记》和《王杰的故事》，成为当年最畅销的图书，和《雷锋日记》《雷锋的故事》一样鼓舞、教育了整整一代人。其中，《王杰日记》还被翻译成了英文、日文、法文、朝鲜文、蒙古文等多国语言，在全世界广为传播。

1965年11月27日，国防部命名王杰生前所在班为“王杰班”，济南军区司令员杨得志、政委谭启龙亲手将“王杰班”锦旗授予王杰班第一任班长侯兴家。

1965年，全国各大军区纷纷开展学习王杰活动，其中被《人民日报》《解放军报》报道涉及的活动主体单位有：中国人民解放军沈阳部队工程兵某部“雷锋班”、“南京路上好八连”、武汉部队“硬骨头六连”、驻守在祖国南海前哨的某部“红色前哨连”、沈阳部队某部“神枪手四连”、铁道兵某部“杨连弟连”、广州部队“红色尖兵连”、广州部队“欧阳海班”、海军某部爱民模范“赵尔春班”、空军著名的“红色一号台”、福州部队“红色尖刀连”、北京部队某部“英雄八连”、成都部队某部“铁脚板八连”，等等。据不完全统计，仅1965年第四季度，全国各大报刊、电台发表与王杰有关的报道及稿件就多达1300多篇（幅）。

1966年，八一电影制片厂拍摄了话剧影片《青春红似火》，该片呈现了王杰训练、生活以及英勇牺牲的感人故事，上映后获得很大的反响，成为推动学习王杰活动不断深入的重要形式。主题曲《王杰的枪我们扛》唱响祖国大地。

在学习王杰热潮的推动下，一批王杰纪念馆相继建成。王杰牺牲地江苏邳州修建了王杰纪念馆陵园，王杰生前所在部队也建立了王杰事迹陈列馆、荣誉室。王杰家乡将其故里华堌村更名为王杰村，并在村东建立了王杰烈士纪念馆。这些纪念馆秉承“传播王杰精神，做王杰传人”的理念，成为学习宣传王杰精神的重要阵地和载体，极大地促进了王杰精神的弘扬与传播。同时，王杰舍己救人的感人事迹也被收录进山东省小学语文课本，教育了整整几代人。

榜样的力量是无穷的，这种力量穿透人的心扉、激荡人的心灵。王杰是一个时代的符号，成为一代人的记忆。王杰精神为推动社会主义现代化建设提供了不竭的精神动力，极大地提高了人们建设社会主义的热情和战胜困难的决心。

（二）特殊环境下的沉寂与曲折

“文化大革命”的发生，有着复杂的国际国内的社会历史原因。它持续10年，使党、国家和各族人民遭到新中国成立以来时间最长、范围最广、损失最大的挫折。党的组织和国家政权受到削弱，大批干部和群众遭受迫害，全国陷入较为严重的政治危机和社会危机。

在这一时期，王杰精神的宣传和学习进入低潮，几乎销声匿迹。

（三）改革开放后的理性回归

1980年12月25日，邓小平同志在中共中央工作会议上的讲话指出，“我们在新民主主义革命时期，就已经坚持用共产主义的思想体系指导整个工作；用共产主义道德约束共产党员和先进分子的言行；提倡和表彰‘全心全意为人民服务’，‘个人服从组织’，‘大公无私’，‘毫不利己、专门利人’，‘一不怕苦、二不怕死’。现在已经进入社会主义时期，有人居然对这些庄严的革命口号进行‘批判’，而这种荒唐的‘批判’不仅没有受到应有的抵制，居然还得到我们队伍中一些人的同情和支持。每一个有党性、有革命性的共产党员，难道能够容忍这种状况继续下去吗？”①

邓小平同志的话，使得雷锋、王杰等共和国的英雄们再度引起大家的关注。1984年，著名数学家华罗庚来到王杰生前所在连，在学习王杰事迹后，他十分感动，挥毫写道：“向王杰同志学习，立志做一个现代化的王杰。”现代话剧剧作家曹禺先生仔细地品读了王杰日记，那沸腾的革命感情、坚定质朴的语言、纯洁无私的思想，使他激动地写下文章《一心一意为革命》，表示革命的戏剧工作者要认真做到像王杰同志那样毫无杂念，心中只有“革命”两个字。诗人、剧作

---

① 邓小平：《贯彻调整方针，保证安定团结》，《邓小平文选》第2卷，人民出版社1994年版，第367页。

家贺敬之在读完王杰日记后也为王杰写下长诗《回答今日的世界》，立志以笔报效革命。1990年，王杰生前所在部队编撰了《王杰》一书，开国上将杨得志将军在该书序言中，批判了“‘两不怕’精神过时论”，豪气干云地提出了王杰精神永远不会过时！

2001年，22集电视连续剧《王杰离去的岁月》拍摄完成，旨在展现王杰用生命掩护下来的那些民兵后来的工作和思想情况，讴歌了他们决心继承烈士遗志，宣传践行王杰精神的感人故事。2005年11月6日，《解放军报》发表社论《“两不怕”——永恒的精神丰碑》，社论指出，在新世纪新阶段，大力弘扬“两不怕”精神，对于坚定官兵的政治信念，加强部队思想政治建设，对于推进中国特色军事变革，抓紧做好军事斗争的准备，对于锤炼过硬的战斗作风，提高官兵综合素质，履行好新的历史使命，都具有十分重大的意义。

2009年，在中华人民共和国成立60周年的特殊时刻，王杰被评为“100位新中国成立以来感动中国人物”。2015年，在王杰牺牲50周年之际，他生前所在连队被南京军区授予“弘扬‘两不怕’精神模范连”的荣誉称号。2019年9月，专题纪录片《走进英雄王杰》，成功登录央视四套《国家记忆》栏目，纪录片用全新的视角多方位还原了王杰的英雄事迹。该片在央视黄金时段连播三晚，收视率位居同时段前列，在全社会引发强烈关注和反响。同年9月底，王杰又荣获中宣部等9部门评选表彰的“最美奋斗者”称号。

时代在前进，社会在发展，人们的思想也趋于多元化，但王杰精神依然在中华大地上传颂不衰，依然鼓舞和感动着后来人。“一不怕苦、二不怕死”这句响亮的口号已被赋予新的时代精神，成为中华民族永恒的精神支柱。

（四）王杰精神展现新的价值光芒

1．“两不怕”精神铸军魂

“长期以来，‘一不怕苦、二不怕死’的战斗精神犹如冲锋的号角、不倒的旗帜，始终激励我军将士在困难面前不退缩，在挫折面前不认输，在死神面前不低头，战胜一个又一个强敌，取得一个又一个胜利，成为我军宝贵的精神财富和克敌制胜的重要法宝。”[①]王杰生前所在连队先后荣立集体一等功1次、二等功12次、三等功10次。近10年来，连队年年是“军事训练一级单位”，共摘取旅以上比武200多枚奖牌，创造保持专业29个科目中的19项纪录，100多人次被旅以上评为训练标兵。由国防部命名的王杰班至今已有56年的历史，“王杰班”不仅仅在名义上存在，更是一种精神传承。

2.英雄精神在神州大地生根开花

王杰牺牲地江苏省邳州市，建立了王杰纪念馆，成立了王杰精神研究会，在王杰“两不怕”精神的激励下，顽强拼搏、奋勇争先，不断开拓创新，用辛勤的汗水秉承先烈意志，用拼搏奉献弘扬王杰精神。

在王杰服役的江苏徐州，当地命名了王杰中学、王杰小学、王杰医院等单位，徐州人民在王杰精神的激励下，不断创造出新的业绩。

王杰父母长期生活过的内蒙古阿荣旗，兴建了王杰广场，落成了王杰纪念馆。如今，它们都已被呼伦贝尔市命名为“爱国主义教育基地”，一代又一代青年人从王杰英雄事迹中提升政治素养。

---

① 黄天信:《牢记革命军人“两不怕”座右铭》,《解放军报》2018年5月31日。

王杰当年在沂蒙山区施工的地方——玉柱峰下的大田庄乡，于2016年前后也建起了一座王杰纪念馆。该场馆成为沂蒙大地纪念英雄王杰、探寻王杰精神淬火形成过程的又一重要场所。

在王杰故乡山东省金乡县，纯朴的金乡人民从来没有忘记过这位英雄。家乡人民把学习王杰精神、践行王杰精神，作为工作、学习和生活的出发点，近年来先后修建了王杰广场、王杰大桥、王杰公园，铺设了王杰大道，命名了王杰中学、王杰小学等。2011年6月，教育部为金乡县第一中学“王杰班”授牌，学校每两年在高二年级中评选授牌一次。2009年，在羊山景区兴建了占地69亩、主体建筑3000平方米的王杰纪念馆。2018年，展馆进行再次布展提升，馆内展陈内容丰富、资料翔实，具备了国内一流展馆的水平。自开馆以来，每年有100多万人次前来瞻仰、学习英雄的事迹，进行爱国主义、社会主义和革命传统教育，充分发挥了爱国主义教育、红色教育和干部政德教育主阵地的积极作用。

3.王杰精神薪火相传

从20世纪60年代至今，全国各族人民在王杰精神的引领下，把弘扬王杰精神和践行社会主义核心价值观紧密结合起来，一个个英雄在成长。他们身上所传承的王杰精神也一直激励着全国人民奋力前进。

李彦清，当年被王杰救下的12名民兵之一，也是邳州“王杰民兵班”班长。王杰牺牲后，他便立下誓言，要用自己的一言一行延续王教员的精神。1973年5月，他在一次地雷实爆演习中，为排除哑雷，保护女民兵，毅然挺身而出。17岁的女民兵安然无恙，李彦清却在爆炸中失去了双眼。失明后的他仍以顽强的毅力工作、学习，坚持做好事，他带领的“王杰民兵班”连续7年被评为全国、全省民兵先进集体。这位八旬老人至今写下了200多万字的日记，开展王杰事迹报告会3700多场次，他也被誉为“当代保尔 活着的王杰”。

侯兴家，首任王杰班班长。在王杰牺牲后，他代表全班从军区首长手中接过“王杰班”的锦旗。1978年，他转业到了地方，先后在多家濒临倒闭的企业当厂长，发扬“一不怕苦、二不怕死”的王杰精神，大刀阔斧地搞改革，使企业效益迅速上升。几十年来，他坚持用王杰精神鼓舞自己、鞭策自己去工作，去战胜困难，扎扎实实，一步一个脚印地干好各项工作。

王杰生前施工驻地山东省临沂市费县，在王杰精神影响下，涌现出了一个又一个王杰式的典型。1966年10月10日，18岁的共青团员、基干民兵杨庆法，在修建唐庄电灌站北干渠施工中检查时发现，有一块飞落下来的石头压住了未响的一炮，在即将爆炸的千钧一发时刻，他毅然扑向炸点，用生命掩护了在场的8名民兵兄弟，被称为“王杰式”的英雄，谱写了又一曲“一不怕苦、二不怕死”的壮丽凯歌。1971年8月，就在王杰住过的要峪村，村党支部书记崔自喜及23岁的妹妹崔自英、青年民兵陈存俭、老年村民尹佃生4人，为保护水库和集体财产，被决口的洪水夺去了生命。1983年1月，民兵车京安、李友荣为抢救落入冰窟的多名群众，献出了宝贵的生命，被省政府追认为烈士。几十年来，王杰精神一直激励着费县人民艰苦奋斗，战天斗地，使这片踏遍英雄足迹的热土不断焕发勃勃生机。

50多年过去了，在王杰的家乡也不断涌现出了一批又一批王杰式的英雄人物。他们将王杰精神化入血脉、融入基因，用自己的生命践行着王杰精神。

张先军，金乡县化雨镇唐楼村人，1984年1月应征入伍。在部队，他以英雄人物为榜样，特别是家乡王杰的英雄形象，影响了他的一生。他曾在日记中写道："金乡只会出英雄，不会出废品，我心中永远亮着英雄的灯。"1985年12月，他在对越自卫反击战的一次战斗中负伤，却坚持不离开前线，不幸中弹，英勇牺牲。他牺牲后，所在部队党委追认他为中共正式党员，追记一等功。

张明侠，金乡县司马镇南蔡村人，在河南打工时从洪水中连救遇险的公共汽车上的20多名乘客，被共青团洛阳市委和宜阳县委分别授予"王杰式好青年""见义勇为好青年"的荣誉称号。

周轲，金乡县兴隆镇半边峭楼村人，2012年10月7日，他在广西来宾市参与多间店铺的火灾扑救过程中英勇牺牲，被公安部追认为革命烈士，被广西壮族自治区公安厅追记一等功。来宾市委市政府追授周轲同志"优秀共产党员"和"全市爱民模范"称号。

据统计，仅2020年一年，金乡县就涌现出了7起见义勇为水中救人的事迹。金乡一中高三学生王梦磊，街道干部邵允，医务工作者吴松腾、王仰飞，退役军人程海东，少年王恒烨，退伍老兵高瑞清，群众颜福军……他们中间，最大的已过花甲之年，最小的只有13岁，但是，当看见群众的生命安全受到威胁时，他们不顾个人安危、挺身而出，毫不犹豫地选择了下水救人或积极营救。

2020年突如其来的新冠肺炎疫情席卷全球，无数"白衣战士"在这场全民战"疫"中成为"最美逆行者"。他们就像当年的王杰一样，面对困难和危险，义无反顾、勇往直前，涌现出了无数个英雄集体和英模人物，他们用实际行动诠释了新时代“一不怕苦、二不怕死”的王杰精神，让王杰精神在疫情前绽放出了耀眼夺目的时代光芒。

王杰的名字烙印在了亿万中国人的心中，王杰的事迹传播了几十年，激励了几代人。王杰精神已经成为中华民族精神宝库的重要组成部分，必将世代传承，永放光芒。中国特色社会主义进入新时代，为实现第二个百年奋斗目标和中华民族伟大复兴的中国梦，需要全体中华儿女的不懈努力，需要王杰这座精神灯塔，也需要千千万万王杰式的新人。新时代下，王杰精神正激励着全党全军全国人民在新征途上阔步前进。

第二章

“一心为革命”精神

2018年1月5日，习近平总书记在学习贯彻党的十九大精神研讨班开班式上指出：“不忘初心，牢记使命，就不要忘记我们是共产党人，我们是革命者，不要丧失了革命精神。”王杰精神的内涵之一就是“一心为革命”，其中包含了对党的无限忠诚、对革命的坚定执着和对人民的忘我奉献，可以说，“一心为革命”精神是支撑王杰为党和祖国奉献一生的强大精神动力，是王杰精神绽放新的时代光芒的核心价值体现。

一、一心向党，无限忠诚

“我是一个革命者，我要做一个革命的良种，党和国家把我撒到哪里，我就在哪里生根、开花、结果。撒在沙漠上，我就要长成绿色的长城；撒在荒山上，我就要使荒山变成花果山；撒在田里，我就要长成丰产的庄稼。”[①]这是1963年王杰写下的一篇日记，也是王杰日记中具有代表性的一篇，表达了王杰对党的无限忠诚、对工

---

①《王杰日记》，人民出版社1965年版，第45页。

作的无限热爱和对革命的无限执着，是他“一心为革命”精神的重要体现。

（一）服兵役为第一志愿

1961年7月14日，19岁的王杰郑重写下了这样一篇日记：“人一生，以服从祖国的需要为最快乐。服兵役为第一志愿。升学和参加农业生产为第二志愿。”[①]从小生长在金乡这片红色沃土的王杰，无时无刻不受到红色文化的洗礼和红色精神的熏陶，“当一名英勇的解放军”这一志愿一直扎根在他幼小的心灵里。

1953年，11岁的王杰转入城关完小读书，据王杰的小学老师刘守

王杰读过的小学——金乡县城关完小

---

① 王杰生前所在部队编：《王杰》，解放军出版社1990年版，第3页。

庚回忆，午饭后，王杰和几位同学总是围着他坐在操场的大树下，央求他讲金乡的历史故事，以及黄继光、董存瑞、邱少云等英雄人物的故事。有一次，王杰听完抗美援朝英雄事迹报告会后，找到老村长王恩地，强烈要求参军，想要当一名保家卫国的英勇战士。这是王杰第一次表露出参军的理想。王恩地却认为他年龄还小，开导他先好好学习，将来再参军入伍。虽然王杰后来学习成绩一直都很好，但他最大的愿望还是扛枪打仗，报效祖国。

1957年，羊山烈士陵园重新整建，县委县政府号召全县收集散落在各个地方的革命烈士遗骸，统一归葬。15岁的王杰和同学辛庆文，积极参与了金乡一中组织的烈士遗骸迁葬行动。王杰在收集革命烈士英骨时，找到了一具“特殊”的尸骨，他对辛庆文高喊道：“你看看这个头上，眼眶里还卡着枪子呢，咱拿下来还是不拿下来？”[①]负责守墓的老人走了过来，认出这是晋冀鲁豫野战军的通讯员刘思代。老人说，刘思代是山东省阳谷县人，1947年在一场攻打金乡县城的战斗中，刘思代奉命去执行通知攻城部队暂时撤离的任务，当时北门已被大炮炸开，解放军和蒋匪军展开了激战。刘思代赶到时发现了一处敌人的机枪点，便掏出手榴弹奋力向敌人扔去，机枪点被炸掉了，刘思代成功执行了通讯任务。接到命令后的部队开始后撤，不幸的是，刘思代却被敌人的机枪打中了头部，英勇牺牲时年仅16岁。

听了这个故事，王杰感动地流着泪说：“小代那么年轻，不怕

---

① 整理自《国家记忆》2019年9月9日《走进英雄王杰：成长之路》。

苦，不怕死，他真是我们的好榜样。我们要学习先烈的英雄精神，为广大人民的幸福，情愿牺牲自己的生命！”[①]此后，他多次向同学们讲起这段经历，还坚持每年到羊山烈士陵园扫墓。参军前，王杰再次约上辛庆文一起到烈士陵园扫墓，他们站在刘思代的墓碑前，深深地鞠了三个躬，王杰说：“你为国家牺牲了，为了保卫人民，保卫祖国，你牺牲了。我也要上部队，我要像你一样，我要保卫祖国，要跟着共产党，要不怕献身，学习你这种精神！”[②]

1958年，王杰进入金乡一中初中部读书。这是一所有着深厚的革命底蕴，传承着红色基因的学校，对王杰树立正确的人生观、世界观、价值观起到了重要的促进作用。有一次，他在读完《延安作风万岁》一文后，写下了一篇很长的读后感，其中有这样两段文字：“读了《延安作风万岁》一文后，我的心是那样的不平静，我们的老前辈高尚的品质，以及乐观主义的精神，艰苦朴素的作风，深深地感动了我，其中对我教育最大的是毛主席和革命老前辈的坚定正确的政治方向，艰苦朴素的工作作风，灵活机动的战略战术和团结、紧张、严肃、活泼的抗大作风。”[③]他还写道：“我生长在新社会，我一定以实际行动努力学习，珍惜无数革命先烈用生命换来的幸福生活。我下定决心，今后一定要发奋图强，勤学好问，学习和发扬延安作风，做一

---

① 汪林编著：《英雄模范共产党员故事汇　王杰》，青海人民出版社2021年版，第40页。

② 整理自《国家记忆》2019年9月9日《走进英雄王杰：成长之路》。

③ 韩义祥：《100位新中国成立以来感动中国人物　王杰》，吉林文史出版社2012年版，第10页。

个真正的革命青年。”[①]1960年春，部队派军事教员到金乡一中开展通讯兵布线、接线等科目军训，王杰担任民兵副班长。军训期间，他总是专心听讲，刻苦练习，出色地完成了每一项任务，为了提高放线速度，他坚持晚上架着线圈在操场上练到半夜。通过这次军训，王杰第一次有了“当兵”的感觉，他非常兴奋。可以看出，学校的教育熏陶在王杰确立矢志报国、立志军旅的理想中起到了无可替代的作用。

1961年，正值苏联停止对我国援助，又赶上国内三年经济困难，王杰在学校阅报栏里看到蒋介石在台湾叫嚣要反攻大陆，美国的第七舰队驶入台湾海峡，他义愤填膺，再一次表露了自己立志参军入伍、报效祖国的想法。这一年的7月13日，王杰报名参军，并通过了入伍体检，就在第二天，王杰又收到了金乡一中高中部的录取通知书。一面是升学，一面是参军，面对人生中的第一个重大抉择，王杰最终选择了投笔从戎，参军入伍，并写下了人生第一篇日记，带着“一心为革命”的理想信念踏上了报效祖国的征程。

入伍后，王杰一直秉持着“一心为革命”的本心，勤学毛主席著作，苦练杀敌本领，勇挑责任重担，平时不怕苦和累，关键时刻冲上去，在国防施工、抗洪抢险、野营拉练和民兵训练等工作中，都冲在最前线，干到最出色。可以说，“参军入伍”是王杰的初心，“一心为革命”是王杰行动的指南。入伍四年，他初心不改、矢志不渝，怀着对党、对国家、对人民的忠诚和热爱，奉献出了自己全部的光和热。王杰牺牲后，他的两个妹妹、一个堂弟也相继参军入伍，成为光

---

① 韩义祥：《100位新中国成立以来感动中国人物　王杰》，吉林文史出版社2012年版，第12页。

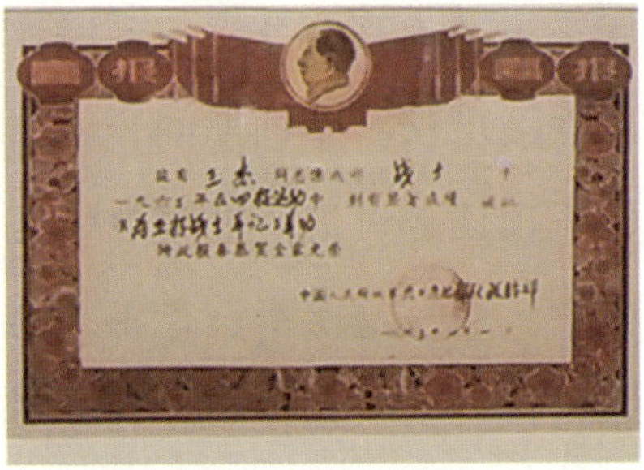

1963年王杰被评为“五好战士”并记三等功

1964年王杰被评为“五好战士”并记三等功

1965年王杰被评为“五好战士”及“一级技术能手”

荣的人民解放军军人，以实际行动追随着哥哥的脚步，率先践行了王杰精神，王杰的家庭成为一个名副其实的光荣家庭。

（二）入党这是我的要求，也是我努力的方向

中国共产党是中国工人阶级的先锋队，同时是中国人民和中华民族的先锋队，是中国特色社会主义事业的领导核心。中国共产党必须始终代表中国先进生产力的发展要求，代表中国先进文化的前进方向，代表中国最广大人民的根本利益。党的最高理想和最终目标是实现共产主义。是中国共产党领导着中国人民推翻三座大山，赢得了民族独立和人民解放；是一代代共产党人的牺牲和奉献，换来了今天的美好生活。王杰听着革命故事长大，对党的崇敬和热爱一直深深埋在心底。他深刻认识到，共产党不但让自己的家庭远离了灾难，获得了安宁，还让自己吃饱穿暖，有了上学读书、参军入伍的机会。所以，“入党”这颗种子在王杰心中渐渐萌发。入伍后，他进步飞快，成绩十分突出。入伍半年，他就被评

为“打锤标兵”，因工作努力、成绩突出，在同期战友中第一个被发展为共青团员，晋升为上等兵；入伍两年，就考取了工兵专业五大技术“满堂红”，连续三年被评为“五好战士”。随着工作和学习的不断深入，王杰自身不断进步，对党的认识也逐渐加深，对入党的渴望也愈加浓烈。入伍不久，王杰就递交了入党申请书，表达了自己加入组织的强烈愿望，并处处严格要求自己，希望以实际行动得到组织的认可，早日成为一名光荣的共产党员。

王杰在思想和行动上一直积极向党组织靠拢。他通过不断学习，提高自己的觉悟和对党的认识，并在日记中多次写下对党的无限崇敬和为党奉献的决心。1963年7月1日，他在日记中写道：“今天是党的生日，在伟大的日子里，我加倍地感谢伟大的党和毛主席。是英明的党、伟大的毛主席在艰苦的岁月里，领导革命经过二万五千里长征，爬雪山过草地，吃草根皮带，流血牺牲，换来了今天的幸福。”①

王杰从小爱听英雄的故事，入伍后更是乐于读书、看革命电影，而且每次都有收获和感悟，他以书籍和电影中的共产党员为榜样，时刻对标先进，向英模学习。1963年3月3日这天，他在看完电影《昆仑山上一棵草》后写道：“共产党员——惠站长那服从祖国的需要，党叫在哪里，就在哪里，不怕艰苦忘我工作的精神给了我莫大的鼓舞和无穷的力量……”“我永远向他学习，像雷锋一样，为了党，我不怕进刀山入火海，为了党，哪怕粉身碎骨我也心甘情愿。”②1964年6月9日，他阅读《模范的共产党员》一书，看到了欧阳海、何志远、

①《王杰日记》，人民出版社1965年版，第59页。

②《王杰日记》，人民出版社1965年版，第54页。

谢臣、袁西乐等模范的英雄事迹后感慨地写道："他们不愧为模范的共产党员，对我有很大教育。入伍三年来，自己还存在不少缺点，还不是一个共产党员。他们为我树立了榜样，我永远向他们学习，严格要求自己。"[①]

即便是后来遭受挫折，王杰依然没有改变入党的决心。王杰后来多次递交入党申请书，向组织表达了入党的渴望。1963年秋天，工兵一连党支部和工兵营党委根据他的表现，决定把王杰列为发展对象。根据当时的程序，需要到王杰的家乡进行调查政审。部队派人来到华墒大队，负责调查的小组长一听到老支书说王杰出身"上中农"家庭，新中国成立前家里就有20多亩地时，脑子一下蒙了，认为这已经不是上中农的问题了！他来不及细细询问，匆匆忙忙赶回部队交了差。事实上，华墒村是盐碱地，收成很少，群众生活十分困难，加上土改时王杰祖父母健在，父亲、伯父、叔父尚未分家，第三代子女又多，土地数量看似不少，实际上生活却十分困难。就这样，受到"左"倾和唯成分论的影响，王杰入党的事情暂时被搁置了下来。

此后，王杰又多次向组织递交了入党申请书，却都未得到批准。入伍以来，王杰获得了一系列的荣誉，在部队里也赢得了首长和战友的赞许，表现出类拔萃，但他迟迟未能入党的事情，在连里也引发了一些议论的声音，还有的战友十分疑惑，王杰连续两年被评为"五好战士"，怎么还不是党员？听着这些议论和询问，此时的王杰内心已经有了很大波动，认为自己工作不错，却为何迟迟不

① 王杰生前所在部队编：《王杰》，解放军出版社1990年版，第72页。

能入党？他的心里开始有了想法。1964年，他两次在日记中表达了自己的苦闷：“和我一块入伍的同志，以前进步比较慢，现在又调整了级别，又加入了党，可我呢，还是一个党外人。”[①]“每当我看到有的同志加入了党，尤其是和我一起入伍的同志入党，我就着急起来，心想：比工作自己也不比别人差，怎么人家都入了党，自己却落了后呢？想来想去，怨自己的成分来了，认为自己家庭出身是中农，亲属也是中农，思想悲观起来。”[②]可以看出，未能入党对王杰的思想影响是非常大的。

但是，英雄之所以能够成为英雄，与他坚定的信念和执着的初心是分不开的。短暂的思想波折并不能击垮王杰，他多次反思，对标差距，调整心态，认为：“入党这是我的要求，也是我努力的方向。”[③]并对入党问题在日记中给出了这样的答案：“我仔细检查自己，发现思想改造较差，有单纯为入党而入党的想法；再和党员条件一对照，就更清楚了，原来不是一般的成分问题，而是在很多主要方面由于自己平时努力不够，离党员条件还有很大距离。”[④]反思过后，王杰开始思考并认清了一个问题，是形式上入党呢，还是从思想上和行动上真正入党？于是，他为自己定出了更高的目标和要求，以共产党员的名誉观和利益观对照自己，对能否入党这一问题保持了一颗平常心，再也没有因为能不能入党的问题而纠结彷徨。

---

①《王杰日记》，人民出版社1965年版，第27—28页。

② 王杰生前所在部队编：《王杰》，解放军出版社1990年版，第83页。

③ 王杰生前所在部队编：《王杰》，解放军出版社1990年版，第59页。

④ 王杰生前所在部队编：《王杰》，解放军出版社1990年版，第83页。

思想通，一通百通，在接下来部队开赴沂蒙山区施工的整整一年当中，王杰事事冲在前面，处处争当第一，用一生的追求真正经受住了党的考验。他对自己的要求非常严格，右手被烫伤，他坚持用左手练习写字，在施工时给战友们服务，还歪歪扭扭地写下了这样的日记：“手烫伤9天啦，我没有停止工作，我认为工作第一，个人的私事是小事，个人利益应当服从党的利益。”后来部队强制他入院休息，他还提前两天出院投入工作，更是三次推迟婚期，四次让出探亲假，这种境界得到了连队领导和战友们的一致赞誉。

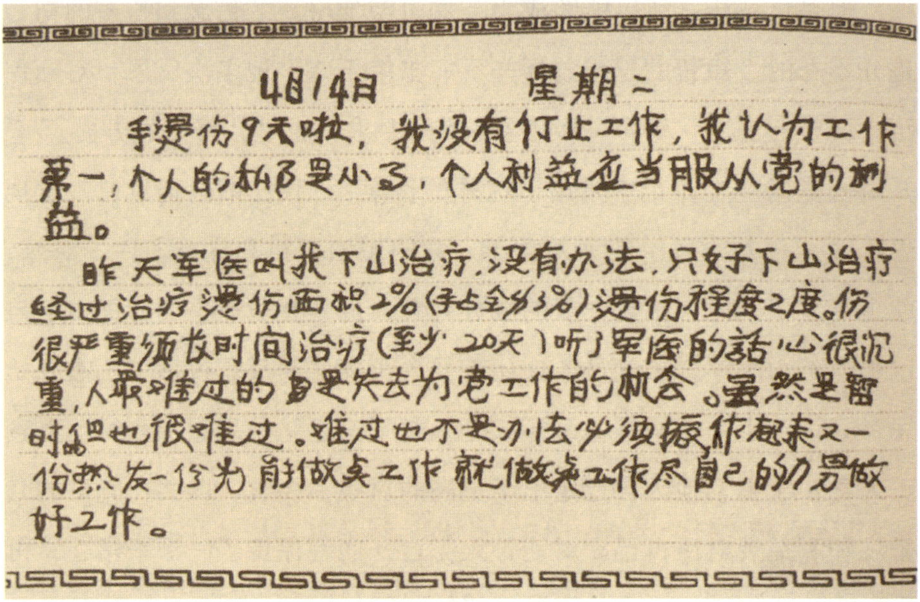
4月14日 星期二

手烫伤9天啦，我没有停止工作，我认为工作第一，个人的私事是小事，个人利益应当服从党的利益。

昨天军医叫我下山治疗，没有办法，只好下山治疗经过治疗烫伤面积2%（手占全身3%）烫伤程度二度。伤很严重须长时间治疗（至少20天）听了军医的话心很沉重，人最难过的是失去为党工作的机会。虽然是暂时但也很难过。难过也不是办法必须振作起来又一份热发一份光能做点工作就做点工作尽自己的力量做好工作。

王杰左手写下的日记

就在王杰跟随部队前往邳县大运河畔接受游泳训练并代为训练当地民兵期间，连队通过了他的入党申请，准备发展他为中共党员，谁也没有想到王杰竟然就在几天后英勇牺牲了！王杰虽然生前未能成为一名光荣的共产党员，但是他的思想和行动处处闪耀着共产党员的光辉。1965年9月20日，根据王杰生前愿望和表现，坦克二师党委追认王杰为中国共产党党员。

（三）我坚决听党的话，党指向哪里我就到哪

1963年2月9日，王杰在日记中写道：“党，伟大的党，是你把我培养，我一生不能忘。……我坚决听党的话，党指向哪里我就到哪。”[①]这篇日记是以诗歌的形式出现的，是在又一次提交了入党申请书之后写成的，展现了王杰对党的特殊感情和党在王杰心目中的重要地位。王杰，一位优秀的中华儿女，一个党的忠诚战士，用生命践行了“听党指挥”的庄严承诺。

王杰时刻不忘改造思想，在考验和抉择面前不动摇，扎牢了“听党指挥”的思想根基。他说：“我们是无产阶级的革命战士，担负着保卫社会主义，建设社会主义的伟大任务，要完成祖国人民交给我们的这一光荣任务，就必须不断地改造思想，提高觉悟。”[②]工作间隙，他一有空闲就阅读英雄的故事、看英雄电影；外出施工时，他也不忘学习毛主席著作，哪怕身在条件艰苦的海岛上，也要利用休息时间乘船越海买书；夜晚休息时，他打开自制的小电池灯，借助微弱的灯光学习《毛泽东选集》；学习雷锋的热潮在全国掀起后，王杰始终以雷锋为榜样，反复学习雷锋事迹和《雷锋日记》；入党问题被搁置后，他反复学习党章，对标党章要求，不断提升自己。持续的思想改造使他内心无限忠诚于党，把“听党指挥”牢记心中、融入血脉，并作为一生的行动指南。

---

① 王杰生前所在部队编：《王杰》，解放军出版社1990年版，第8—9页。

② 王杰生前所在部队编：《王杰》，解放军出版社1990年版，第16页。

王杰始终牢固树立“听党指挥”的政治信念，正是这种信念促使他不论肩负怎样的使命任务，都毫不犹豫，矢志不渝。别管是日常训练，还是国防施工、抗洪抢险、野营拉练、技能培训，他都毫无怨言，兢兢业业，任劳任怨，党让干什么，就将全部精力投入那项工作当中。1963年8月，部队接到天津抗洪的任务，但没有明确出发日期。王杰心急如焚，在日记中写下：“东西都准备好啦，可是不走，我的心早就飞向受灾的地区。人民的生命财产等待我们去抢救，可为什么不走呢？时间过得太慢啦，过一天像一年那么长，命令下来就要飞向受灾的地区。我向领导表了决心，下了保证：当兵是为人民、为党、为祖国而来的，不管任何工作，党指到哪里就冲向哪里，就是需要献上青春也没怨言。”①六天后，随着一声令下，王杰与战友们乘坐闷罐车赶往天津，战友们蹲坐在闷罐车里，又闷又热，12小时后才吃上早饭，有的战士埋怨吃饭太晚，肚子饿得难受，王杰却毫无怨言。当天他在日记中写下：“防洪是一项艰苦的工作，也是培养艰苦作风的时候，不论什么时候吃饭，我保证不说一个‘饿’字。”②乘坐火车一天一夜，他们来到了灾区，看着人民群众遭受到洪水的侵袭流离失所，王杰郑重表态：“在战斗中我一定拼命地干，坚决不让洪水再侵害人民一寸土地，不管再累再苦，我能坚持，就是需要生命我也乐意献上，我要用优异的成绩感谢伟大的党，伟大的毛主席。”③

---

①《王杰日记》，人民出版社1965年版，第36—37页。

②《王杰日记》，人民出版社1965年版，第37页。

③《王杰日记》，人民出版社1965年版，第37—38页。

王杰时刻追寻着党的步伐，听党指挥跟党走。1962年雨季，既不能下田干活，也不宜军事训练，王杰就在宿舍练托砖，增强臂力，时刻准备参战，并开始认真阅读《美帝侵华史》。1965年5月1日，工兵营副政委王步尧在部队做战备动员报告。身为五班长的王杰听到美帝国主义在越南狂轰滥炸、释放毒气、屠杀越南人民的时候，他义愤填膺，带领大家振臂高呼：“坚决支援越南抗美斗争！”“打倒美帝国主义！”[①]报告会结束后，王杰仍然激愤万分，当即刺破中指，用鲜血写下了请战书：“坚决支援越南的斗争，我要当一名志愿军！”[②]这是全师一万多人中的第一份血书，血书震撼了军营。大家以王杰为榜样，纷纷写下请战书，要求到越南支援战斗。一切为了上前线，练兵的热潮蔚然成风。

这就是一颗红心永向党的王杰，这就是“党指向哪里我就到哪”的王杰。在四年的军旅生涯中，王杰始终以最优秀的党员和人民英雄为榜样，改造思想，提升素质，锻炼能力，忘我奉献，时刻冲在最前线，时刻践行着自己“一心为革命”的铮铮誓言。

二、忠于祖国，热爱人民

“做雷锋式的战士，做毛主席的好战士。我要把有限的生命投入到无限的为人民服务中，把可爱的青春，献给祖国，献给人类最壮丽

---

① 韩义祥：《100位新中国成立以来感动中国人物 王杰》，吉林文史出版社2012年版，第37页。

② 韩义祥：《100位新中国成立以来感动中国人物 王杰》，吉林文史出版社2012年版，第37页。

的事业。”[①]这是1963年王杰写下的一篇日记，其中彰显着英雄对祖国的炽烈情怀和对人民的无限热爱。

对中华民族前途命运的深刻关注，对家乡故土的自豪与热爱的爱国情怀，使国人不论在何时何地何种场合，谈到“中国”二字，往往会热血沸腾，心潮澎湃。而回想起中国从之前的战乱纷飞、经济凋敝、民不聊生、国将不国，到现在的繁荣富强、民族振兴、人民幸福，这种种成果与人民群众的支持是息息相关的，与爱国志士的无限忠诚是密不可分的。

中国共产党自成立以来，秉承“全心全意为人民服务”的宗旨，始终坚持“以人民为中心”的发展观，体现了我党历来都坚持人民的立场，彰显人民的主体地位。2018年5月2日，习近平总书记在北京大学师生座谈会上指出：“要爱国，忠于祖国，忠于人民。爱国，是人世间最深层、最持久的情感，是一个人立德之源、立功之本。孙中山先生说，做人最大的事情，‘就是要知道怎么样爱国’。我们常讲，做人要有气节、要有人格。气节也好，人格也好，爱国是第一位的。”无数史例证明，爱国情怀是自始至终贯穿中华儿女内心的最真挚的情感，是每一位英雄所必然具备的浓烈情怀与高尚品格。

（一）以服从祖国的需要为最快乐

王杰是祖国的“忠诚战士”，在王杰心目中，能够做一个被祖国需要的人，才是最快乐的。1961年7月，在面对投笔从戎的抉择时，他在日记中郑重写道：“人一生，以服从祖国的需要为最快乐。服兵

① 王杰生前所在部队编：《王杰》，解放军出版社1990年版，第10页。

役为第一志愿。升学和参加农业生产为第二志愿。”[①]这是他人生中的第一篇日记，而在短暂的23岁的生命年华里，他也坚定不移地践行着“服从祖国的需要”这句誓言。

1961年8月，王杰坚定地踏入军营，走上了从军报国的道路。这是他人生的第一个重大抉择。这一年中国面临着内忧外患双重压力，台海危机随时都可能爆发战争，战争从来都是残酷的，选择参军入伍，对于一个年轻的生命而言，在意味着光荣的同时，也意味着选择了牺牲。服役期间，他的革命理想愈加坚定，对祖国和人民的热爱也愈加纯粹。1964年7月，王杰在沂蒙山区施工最为艰难的时候在日记中写道：“为了党和祖国，为了人民，我有一天的生命，就努力工作一天。一切难以忍受的我都能忍受下去，为了党和祖国，为了人民我坚决努力到死！奋斗到死！！”[②]这时已是王杰入伍的第三年，眼看服役就要期满，这篇日记也印证了王杰一路走来毫不动摇，一直坚守着“对党忠诚，热爱祖国，服务人民”的初心！

面对超期服役的选择，王杰依然是从考虑祖国的需要出发，在关键时刻再次把国家的安全和利益放在了首位，做出了人生又一个无怨无悔的重大抉择。1964年9月1日，王杰和战友们超期服役的申请被批准，到了14日这天，王杰刚从炊事班帮忙回来，他和同志们闲谈着，无意中说了一句：“我也是一个超期服役的老战士了。”[③]说完当时谁也没有介意。晚上，王杰在回顾白天的工作时，想起了自己说

① 王杰生前所在部队编：《王杰》，解放军出版社1990年版，第3页。

②《王杰日记》，人民出版社1965年版，第52页。

③ 王杰生前所在部队编：《王杰》，解放军出版社1990年版，第130页。

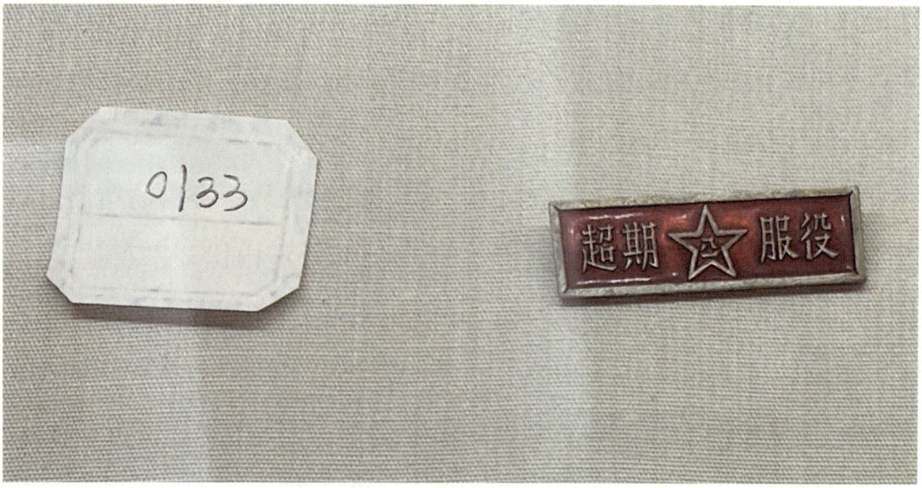

王杰超期服役的证章

过的这句话，他深刻反思自己，发现自己确实存在有感觉已经超期服役和想回家结婚这两个念头，于是他在日记中写道：“平时在说话中有时说出：‘我是一个超期服役的老战士了，该回家了。’看来这句平平淡淡的话使人听了不足为奇，可是具体分析起来也看出了我的思想问题，以老战士自足不想再前进，在革命老考虑回家阻碍工作的进步。”[①]“革命需要就要干一辈子，服役期是永远不会期满的。”[②]从此，他再也没有因为自己超期服役产生过其他想法。1964年12月25日，他把自己选择超期服役作为一种革命豪情写在了日记里：“服役虽已期满，怎能解甲归田！台湾还没解放，国际形势紧张，世界上三分之

①《伟大的共产主义战士王杰　日记选（手迹版）》，装甲第二旅政治部，第25页。

②《伟大的共产主义战士王杰　日记选（手迹版）》，装甲第二旅政治部，第26页。

二的人民没有解放，怎能放下枪杆把锄头换！”[①]王杰坚定地选择了超期服役，他再一次响应了祖国的召唤，这一选择对于今天的我们依然有着榜样的无穷力量。

四年当中，王杰还面对了数次在国家利益与个人利益之间的抉择。他与未婚妻赵英玲入伍前便订了婚，临行前约定等退伍后就完婚。当时，王杰的母亲心脏病经常犯，亦需人照顾，未婚妻便提前奉孝进门，远赴内蒙古。1964年，王杰先后接到了未婚妻赵英玲和家人的几封来信，信中说两个人年龄都不小了，该回家结婚了。王杰却认为，当下局势十分紧张，不少家庭无法团聚，很多百姓都吃不饱饭，大局之下怎能把个人情感放到首位？国家的事业才是重中之重！于是他以国家提倡晚婚为由回信，把婚期一推再推，对部队安排的探亲假也是一让再让，把个人的全部精力都放在了党和国家的事业上。

1964年9月10日，王杰在日记中写道："家庭三番五次地来信催我回家结婚，可是我主意已定，说什么也不能丢掉党的事业去处理个人问题。现在个人还年轻，再晚几年结婚也不晚，在青年时代把精力放在党的事业上，要多为祖国做一点工作，把自己的力量全部献给祖国的社会主义建设事业。"[②]正如毛主席所说："共产党员无论何时何地都不应以个人利益放在第一位，而应以个人利益服从于民族的和人民群众的利益。"[③]虽然王杰直到牺牲都没能正式加入党组织，但是他的思想与行动已然达到了一名共产党人

① 王杰生前所在部队编：《王杰》，解放军出版社1990年版，第94—95页。

②《王杰日记》，人民出版社1965年版，第28页。

③《毛泽东选集》第2卷，人民出版社1991年版，第522页。

的标准！

国家需要干啥就干啥！哪里需要他，哪里就有他的身影！他牺牲了一切个人的时间，随时随地都在待命，生怕错过任何一次被祖国需要的机会，只要党和国家一声召唤，他就毫不犹豫地做出自己的选择。这就是王杰！战争年代牺牲的英雄令人万分钦佩，而和平年代牺牲的战士亦难能可贵。王杰虽没有机会冲上硝烟战场，但是他把自己美好的青春年华献给了国家，他在国家和人民的心中树立起了永远的精神丰碑！

（二）每到一地都要把群众的关系搞好

人民群众是我们党的执政基础，始终保持同人民群众的血肉联系是我们党战胜各种困难风险，不断取得事业成功的根本保证。能否密切联系群众、与群众保持鱼水关系对党的建设起着至关重要的作用。习近平总书记在《做人民群众的贴心人》一文中说：“一个党员，如果与群众的距离远了，就与党拉开了距离；心中没有群众，就不配再做共产党员。”[①]

王杰能够清醒地认识到联系群众的必要性和脱离群众的危害。王杰在日记中表示：“今后，我一定按主席的话去做，每到一地都要把群众的关系搞好，要关心群众，帮助他们解决困难……”[②]王杰进入军营以后坚持为战友站岗、提水、打扫卫生；外出休假时，依旧不忘抓住机会，为人民群众做力所能及的事情。帮老大爷推车、给丢钱的

① 习近平：《做人民群众的贴心人》，《之江新语》，浙江人民出版社2007年版，第139页。

②《王杰日记》，人民出版社1965年版，第58页。

老人送钱……他宁愿自己吃点亏、受点苦，也要将群众的事情放在首位。王杰服役的四年当中，他的事迹成为当地百姓口中的佳话。

1963年11月在沂蒙山区施工时，王杰又把密切联系群众的作风带到了这里，他利用工作闲暇，帮助山区人民打水、劈柴、扫院；他右手烫伤住进医院，却坚持用左手帮医院擦地板、帮病员服药、帮护士推车运煤、帮男病员拿小便盆，他关心每一位病友，被大家誉为“病员的心上人”[①]。在王杰出院那天，医院的医生、护士、病员都纷纷表示：真是“不舍得”王杰出院！虽然只是一句简短的玩笑话，却真实展现了群众对王杰的认可。

1965年5月28日，王杰回到内蒙古探亲，见到了日思夜想的未婚妻赵英玲，在带着赵英玲去阿荣旗买新衣服的路上，有一段很长的坡路，两人十分吃力地走着上坡路，这时，后面一位大嫂骑车驮着一筐青菜也开始吃力地爬坡。王杰见状立刻快走两步赶过去，帮助那位大嫂推车上坡，一直爬到坡顶才罢手。大嫂回过头来看着王杰满头大汗，十分感激，刚想开口问王杰的名字，但王杰与赵英玲朝她挥了挥手，笑着转身离开了。在短短的探亲假期间，王杰做的好事远远不止这一件，他走到哪里，热爱人民的心就带到哪里，帮助群众的事就做到哪里。

王杰做群众工作也十分讲究方式方法。在邳县帮助训练民兵期间，他针对每位民兵不同的特点有针对性地对他们进行技术指导和思想引领。民兵吴步良力气小，趁王杰不注意用左脚踩着镐挖雷坑，王

---

① 汪林编著：《英雄模范共产党员故事汇　王杰》，青海人民出版社2021年版，第127页。

杰发现后先是批评了他，又耐心地说明道理，手把手教他跪姿挖雷的要领；刘成喜觉得训练反正是假的，拉绊线不认真，王杰发现后，仔细告知他绊线松紧在战时的重要性，并亲自做示范；郭文武怕累不愿意训练和参加农业生产，王杰耐心地给他讲练武的目的，讲训练和革命的关系，讲搞好生产对国家的重要作用。训练期间，一天下起了大雨，王杰看到周士忠急着回家，就把自己的雨衣和高腰胶鞋脱下来给他穿上，还叮嘱说这几天天气不好，让他暂时不用还了。后来，周士忠看到王杰自己穿着湿透且沾满了泥浆的低腰胶鞋，内心不由得涌起一股暖流。

群众利益无小事，小事处处见精神！不经意之间，作为一名普普通通的战士，王杰用自己的实际行动向世人展示了什么才是真正的人民子弟兵，什么才是时刻把群众挂在心上！1964年11月29日，王杰在日记中写道："今后，我一定按主席的话去做，每到一地都要把群众的关系搞好，要关心群众，帮助他们解决困难，向他们宣传党和国家的方针政策。只有这样我们才有力量，我们才能在群众中生根、发芽、开花、结果。"①

老子曰："圣人无常心，以百姓心为心。"在《纪念白求恩》中有这么一段堪称经典的文字："我们大家要学习他毫无自私自利之心的精神。从这点出发，就可以变为大有利于人民的人。一个人能力有大小，但只要有这点精神，就是一个高尚的人，一个纯粹的人，一个有道德的人，一个脱离了低级趣味的人，一个有益于人民的人。"②王

①《王杰日记》，人民出版社1965年版，第58页。

②《毛泽东选集》第2卷，人民出版社1991年版，第660页。

杰何尝不是如此！王杰精神连同雷锋、白求恩、张思德等其他许多英模人物的精神一道，谱写出了一幅为人民服务的历史长卷。

王杰的一生只有短暂的23个春秋，分明就像划过天际的一道流星，却让我们真正读懂了什么是忠于祖国，什么是热爱人民。他将党和祖国的事业永远装在心中，为人民献上了自己最深沉的爱，这不仅仅是一种奉献精神，更是一种历久弥新的崇高情怀。2019年1月21日，习近平总书记在给“王杰班”全体战士的回信中指出：“看到一年多前我们一起交流的照片，当时的情景又浮现在我的眼前。得知你们认真学习贯彻新时代党的强军思想，弘扬王杰精神，努力拼搏奋斗，取得了新的优异成绩，我为你们感到高兴。”[①]今天，对于王杰精神的学习与传承，不能仅仅局限于一个地方一个单位，而更应成为当代广大党员干部忠于祖国、热爱人民的一面旗帜，成为全党全军全社会学习的楷模。

三、克己奉公，忘我奉献

“学习蜡烛精神，蜡烛之所以值得我们钦佩和学习，也正在于它有着燃烧自己照亮别人、有一分热发一分光的优秀品质，无论是在茅舍草屋之中，或在风雨之夜的灯笼中，只要需要它，划上一根火柴，立刻燃烧。它既不讲条件，又不辞辛苦，照亮人们在茅屋草舍中工作学习，指引人们在崎岖的小路上前进。更可贵的是它那‘坚持不懈’、‘死而后已’的精神，它那微小的身体一点一滴地全

---

①《习近平给“王杰班”全体战士回信》，《解放军报》2019年2月2日。

部燃烧，全部化作光明，贡献给人们。”[①]这是王杰在1964年1月21日的日记中对奉献精神的感悟，他以这一蜡烛精神为砥砺，于实际行动中把自己活成了一头埋头苦干的老黄牛，一个不知疲倦的“闲不住的人”。

（一）做革命的“老黄牛”

鲁迅先生写过两句意蕴深刻的诗：“横眉冷对千夫指，俯首甘为孺子牛。”毛泽东主席的《在延安文艺座谈会上的讲话》更是强调：“‘横眉冷对千夫指，俯首甘为孺子牛’，应该成为我们的座右铭。”“一切共产党员，一切革命家，一切革命的文艺工作者，都应该学鲁迅的榜样，做无产阶级和人民大众的‘牛’，鞠躬尽瘁，死而后已。”[②]王杰，正是这样一头无私奉献、兢兢业业的“老黄牛”。

在日记中，王杰多次立下誓言：做万能的螺丝钉、做革命的良种、做一块纯钢、做革命的老黄牛。王杰的革命干劲儿，体现在他军旅生涯的方方面面。在1963年4月26日的日记中，他写道：“星期三晚上，副连长叫我抄讲义，抄到熄灯没有抄完，躺在床上我睡不着，就起来又抄了两个小时才抄完。我晚睡了两个小时虽然困点累点，可是我完成了领导交给的任务，心中十分愉快，躺下很快就睡着了。”[③]不论何时，有危险、有困难，他总是第一个冲在前面，劳动时总是抢脏活累活。暴雨天抢救部队物资，他一次要扛三根木料；在天津抗

---

① 王杰生前所在部队编：《王杰》，解放军出版社1990年版，第55页。

② 毛泽东：《在延安文艺座谈会上的讲话》，《毛泽东选集》第3卷，人民出版社1991年版，第877页。

③ 王杰生前所在部队编：《王杰》，解放军出版社1990年版，第26页。

洪抢险，为了堵住涵洞，他一次扛两袋土；运送草袋子，他冲在最前面，别的战士刚跑出一半路程，他已经返回了，别的战士一次扛一捆，他嫌浪费时间，一次就扛两捆。

王杰是工作上的“老黄牛”，更是学习上的“老黄牛”。他善于学习，善于思考，善于总结。在看完《火车头和老黄牛》一文后，王杰在日记中写道：“我爱‘老黄牛’有两点：一、它忠心耿耿，所谓‘俯首甘为孺子牛’就是它的画像。二、它吃得起苦。不管是拉车和犁田，它一不叫苦，二不喊累，任劳任怨。”①

而这种吃苦耐劳、踏实勤勉、无私奉献的“老黄牛”精神，一代代传承下来，直到今天仍然绽放着耀眼的时代光芒。2020年12月31日，习近平总书记在参加全国政协新年茶话会讲话时指出：“发扬为民服务孺子牛、创新发展拓荒牛、艰苦奋斗老黄牛的精神，永远保持慎终如始、戒骄戒躁的清醒头脑，永远保持不畏艰险、锐意进取的奋斗韧劲，在全面建设社会主义现代化国家新征程上奋勇前进，以优异成绩庆祝中国共产党成立100周年！”可以说，“老黄牛”精神是中国共产党全心全意为人民服务宗旨的集中体现，当代党员干部从“老黄牛”身上能够汲取到无比丰厚的精神内涵。一是艰苦奋斗的革命精神，是中国共产党党员干部一脉相承、必将永续的精神特质；二是敬业勤勉的工匠精神，是共产党人执着奋斗的本真本色；三是默默无闻的奉献精神，是中华民族最朴素的精神特质。党员领导干部与人民群众紧紧相连，就是要甘做新时代的“老黄牛”，有为人民服务的情怀，有

---

①《王杰日记》，人民出版社1965年版，第53页。

无私奉献的精神，有敢为人先的勇气，在普通的工作岗位上撸起袖子加油干。

共产主义远大理想和奋斗目标是中华民族的执着追求，它并不是高不可攀、遥不可及的，而是千千万万个“老黄牛”奋斗出来的，今天的中国所取得的成绩就是全体中国人民靠“老黄牛”的意志和干劲拼搏出来的。实现中华民族伟大复兴的中国梦更需要“老黄牛”精神，我们每一位中华儿女都要像王杰一般，有“老黄牛”的冲劲、闯劲、拼劲，也有“老黄牛”的踏实、忠厚、勤勉，更有“老黄牛”的朴素、低调、坚忍，为共产主义事业奉献自己全部的力量。

（二）一个“闲不住”的人

王杰平时就是一个“闲不住”的人，工作中、生活里、连队外，他走到哪儿，工作就要干到哪儿，好事就要做到哪儿，受伤流血也不能让他停下来歇一歇。1964年4月5日，在沂蒙山区施工最紧张的阶段，一件意外的事情发生了。王杰和战友刘成科在山坡上熬沥青，突然，熬得沸滚的沥青溶液溅了出来，烫伤了王杰的右手。“副班长，快下去找卫生员包扎一下吧！”①看到这情形，刘成科急切地说。“没关系，我这点小伤算得了什么！”②王杰微微一笑，满不在乎地说。刘成科知道，就是被米粒大的沥青溶液烫着了，都要痛得一跳，副

① 韩义祥：《100位新中国成立以来感动中国人物　王杰》，吉林文史出版社2012年版，第32页。

② 韩义祥：《100位新中国成立以来感动中国人物　王杰》，吉林文史出版社2012年版，第32页。

班长被烫伤这么一大块，整个手都红肿起来了，怎能不痛啊！可是再三动员也是白搭。工作完成了，王杰去处理伤口。这时沥青已经干了，紧紧地粘在皮肉上，怎么洗也洗不掉；他不管三七二十一，就用柴油洗。后来伤势恶化，卫生员闻讯赶来，赶紧给他敷药，包扎起来。连长和战友们都劝王杰休息，可是他说什么也不肯离开这热火朝天的工地，每天挂着一只胳膊，照样上工，照样干活。“副班长，你还是回去休息一下吧。”[①]战友们不止一次心疼地对他说。“大家工作得这样紧张，我怎么能下去，干不了重活，在这里帮着出出点子也好啊！”[②]王杰总是这样回答道。在工地上，他勉强用一只手一块一块地把小石头推走；用一只手拿着锹，夹在腋下扒石渣；用一只手争着和战友们抬筐运土；用一只手，一个一个地捏泥蛋，堵塞炮眼；甚至还用一只手，装药放炮。

一天上工时，有人惊奇地发现红土被捏成了一个个泥蛋。大家开着玩笑，说红土怎么能自己变成泥蛋呢？但都不在意，说说笑笑地又投入了紧张的战斗。第二天上工时，红土变泥蛋的事又发生了，可真叫大家惊奇了。“是谁捏的？自动报名！”[③]班长杨长河扫视大家一眼。半晌没有一个回答的。“嗬，咱们班里出了活雷锋了，

---

① 韩义祥：《100位新中国成立以来感动中国人物　王杰》，吉林文史出版社2012年版，第33页。

② 韩义祥：《100位新中国成立以来感动中国人物　王杰》，吉林文史出版社2012年版，第33页。

③ 韩义祥：《100位新中国成立以来感动中国人物　王杰》，吉林文史出版社2012年版，第35页。

做好事没人承认。”[1]战士们异口同声地说。正好这时营政委周循来了，向大家了解情况，大家纷纷说可能是三连的同志帮助干的。营首长到三连一边参加劳动，一边查问，可是毫无结果。晚上，周政委路过一连施工的地方，无意中瞧见山坡下好像有一个人影，走近仔细一看，那人脖子上挂着白布，吊着一只胳膊，正在用左手不停地揉泥。他一眼就认出了是王杰。营首长说：“嗬，这几天大家猜不透的谜，现在可被我揭开了。王杰同志，叫你好好休养，怎么又偷偷地干起来了？”[2]王杰连忙站起来，手里抓着个泥蛋，不好意思地低下头，笑了笑没说什么。

后来王杰住进了医院，住院期间，他也没有闲着。在外科病员食堂里，他用一只手拿着抹布把桌上的饭菜屑收集到猪食缸里，再把桌椅擦得锃光瓦亮，摆得整整齐齐；病房里，他主动帮助护士提水壶，帮着护理人员打饭，把每个床位都跑一遍……有同志劝他：“你是来住院的，应该好好疗养，手上有病不宜工作呀！”[3]王杰笑着回答：“我一只手还能干工作，我就要发挥一只手的作用。”[4]住院期间，他还坚持用左手练字、写学习笔记、写日记，大家都称王

① 韩义祥：《100位新中国成立以来感动中国人物　王杰》，吉林文史出版社2012年版，第35页。

② 韩义祥：《100位新中国成立以来感动中国人物　王杰》，吉林文史出版社2012年版，第35页。

③ 汪林编著：《英雄模范共产党员故事汇　王杰》，青海人民出版社2021年版，第125页。

④ 汪林编著：《英雄模范共产党员故事汇　王杰》，青海人民出版社2021年版，第125页。

杰有一只闲不住的手。王杰时刻牢记对待同志“要像春天般温暖”。他认为：“今后在工作中，任何人有了困难，我一定尽力帮助，一定乐于帮助别人，只要能帮助别人做一点点事情，我都感到高兴、自豪。”①

在部队，哪个岗位上都少不了王杰的身影。在理发组，他不会理发就帮助战友们洗头；行军时，他主动抢过战友身上的米袋、水壶背在自己身上；站岗时，他站完自己的一班岗还要替战友再站一班岗；

1965年9月26日，坦克二师隆重举行王杰烈士追悼会的场景

① 王杰生前所在部队编：《王杰》，解放军出版社1990年版，第10页。

休息时，他牺牲休息时间帮助没上过学的战友读书习字；清晨，他第一个起床为全排战士打满洗脸水；在伙房，他帮助炊事班的战士们挑水、洗菜，炊事班长无奈地说：“（王杰）你真是不知累、闲不住的人！”[①]许多行为甚至成了他的一个个习惯。

正是王杰这种一心为党、为国家、为同志、为人民奉献自己的精神，让王杰在部队和群众中都树立了良好的口碑，王杰牺牲后，当地村民自发组织了不同的悼念活动，有的到王杰牺牲的炸点上抓把土当作永久的纪念，有的怕炸坑原貌受损，用特制的木框保护起来……许多群众带着无限悲痛和爱戴，前来送他最后一程。72岁的龚李氏拿着专门买的两刀纸，哭着说：“王杰是救咱死的，他是个好人，好人死了跟活着一样，要花钱，王杰家远没钱用，我给他烧钱……”[②]70多岁的袁启营老大爷流着热泪说：“雷锋我听说过，没有见过，王杰是我亲眼见到的，十天前，他还帮我挑水浇菜园子哩。人家是山东人，为了救江苏兄弟，献出了年轻的生命，这在过去亲兄弟也办不到呀！这都是党培养出来的好孩子啊！”[③]民兵地雷班同志住在医院里，有的伤还没有好，就纷纷申请，要求提前出院，有的还没有被批准，就偷偷地跑出了医院，没有到自己家去，首先到王杰墓前去宣誓，表示自己的决心。

---

① 王杰生前所在部队编：《王杰》，解放军出版社1990年版，第143页。

② 韩义祥：《100位新中国成立以来感动中国人物　王杰》，吉林文史出版社2012年版，第86页。

③ 汪林编著：《英雄模范共产党员故事汇　王杰》，青海人民出版社2021年版，第198页。

1965年9月26日，坦克二师隆重举行王杰烈士追悼大会，会场上悬挂着王杰烈士的遗像，两旁挽联上写着：“壮志凌云生如雷锋不愧为毛主席的好战士；英勇献身重如泰山真正是全心全意为人民。”[①]烈士遗像周围摆满了当地政府和部队敬献的花圈，装甲兵司令员许光达、政治委员黄志勇敬送的挽联是：“毫不利己实一心服务人民；临危不惧真人民英雄本色。”[②]装甲兵司令部林彬副参谋长在追悼会上讲话说：“毛主席的好战士王杰同志，为了十二个阶级兄弟的安全，临

1965年秋，数万群众先后在王杰墓前悼念王杰

① 韩义祥：《100位新中国成立以来感动中国人物　王杰》，吉林文史出版社2012年版，第88页。

② 韩义祥：《100位新中国成立以来感动中国人物　王杰》，吉林文史出版社2012年版，第88—89页。

危不惧，英勇献身，表现了人民战士大无畏的英雄气概和热爱人民的赤胆忠心。王杰同志为人民而死，他的死比泰山还重。”[1]王杰将自己的青春毫无保留地献给了党和人民，他用生命践行了自己“一心为革命”的铮铮誓言。

① 韩义祥：《100位新中国成立以来感动中国人物　王杰》，吉林文史出版社2012年版，第89页。

第三章

“两不怕”精神

1965年5月1日，王杰在日记中写道：“我们要一不怕苦，二不怕死。做一个大无畏的人。”[①]这“两不怕”精神作为王杰精神的内核，浓缩了王杰精神的精华，折射了英雄成长的心路历程。正是对党的大忠、对人民的大爱、对国家和民族的大义，才使他面对困难勇往直前、身临险境毫不畏惧，在生死攸关的关键时刻表现出撼天动地的大勇。一名普通的战士，一个时代的英雄；一个平凡的名字，一座不朽的丰碑；一曲英雄的壮歌，一股气贯长虹的励人豪气。

2012年12月26日习近平主席在中央军委扩大会议上的讲话指出：“无论什么时候，一不怕苦、二不怕死的战斗精神千万不能丢……”[②]习近平主席这一重要指示，深刻阐明了战斗精神的核心要素和实践要求。“两不怕”精神代代相传，历久弥新，在新时代强军兴军与民族复兴的伟大征程上，业已上升为民族精神，必将彰显出新的时代价值。

---

① 王杰生前所在部队编：《王杰》，解放军出版社1990年版，第102页。

② 中共中央宣传部编：《习近平新时代中国特色社会主义思想学习纲要》，学习出版社、人民出版社2019年版，第193页。

一、以苦为乐不怕苦

所谓不怕苦，就是无论遇到什么困难都要知难而进、迎难而上，绝不为困难所吓倒；所谓以苦为乐、以苦为荣，就是要树立敢吃苦、肯吃苦、能吃苦的信心和决心，绝不在艰难困苦中退缩。肯吃苦、能吃苦，甚至自找苦吃，是一种态度，是一种信念，是时时刻刻辛勤工作、任劳任怨为人民服务的力量源泉。在困难面前，王杰无畏无惧，树立了正确的苦乐观，他在吃苦中不断地磨炼自己的意志，提高自己的思想觉悟，时刻注意保持和发扬艰苦奋斗的革命精神、艰苦朴素的优良作风。

（一）什么样的苦我都能忍受

1963年8月27日，王杰在日记中写道："不管再累再苦，我能坚持，就是需要生命我也乐意献上。"[①]1964年2月19日，王杰又写道："为了完成国防施工，不怕粉身碎骨。现在苦些是为了千万人民不受苦，什么样的苦我都能忍受。"[②]王杰把吃苦看作是必然，看作是磨炼，看作是一种行为自觉，他不怕吃苦，甘愿吃苦，养成了敢于吃苦的勇气、善于吃苦的能力、乐于吃苦的境界以及同甘共苦的格局。

王杰从小就是一个不怕吃苦的孩子。父母身上淳朴善良、吃苦耐劳的品格一直影响着他。他从小就热爱参加集体劳动，在生产队当过小饲养员，参加田间拔草，担任公粮验收员，参加学校每年组织

---

①《王杰日记》，人民出版社1965年版，第37页。

② 王杰生前所在部队编：《王杰》，解放军出版社1990年版，第56页。

的植树活动。升入中学的王杰担任了生活委员，带领三名男同学承包班里的抬饭工作，学习之余积极参与翻地、植树、割麦子等各类集体劳动。特别是夏季支农割麦子，他主动担任“领趟子”，别人割三垄，他能割五垄。1959年春，学校组织学生来到城东郭楼村深翻土地。因当时农田封冻还没融化，土地坚硬无比，翻地对于成年人来说尚是一件难事，何况是刚上初中的学生。王杰和几位身强力壮的同学组成青年突击队，带头抡起铁镐，他们的胳膊震麻了，手掌磨出了血泡，王杰一边安慰同样磨出血泡的同学，一边用毛巾缠住右手继续抡镐。集体劳动期间，王杰对于脏活、累活带头干，抢着干，他任劳任怨、毫无怨言、从不惜力，多次被评为“青年突击手”。

军营是个大熔炉，理论学习、军事训练需要吃苦，农场作业、国防施工同样需要吃苦。初入军营的王杰被分配到坦克二师工兵一连六班当战士。许多战士都期待着能开上坦克，结果却被分配到又苦又累的工兵营，情绪不免低落。在那个年代，初中已经算是高学历了，却要去当工兵，王杰心里也有了波动。指导员冯安国发现了这些情况，及时在连队开展革命传统教育，并和王杰谈心谈话。通过指导员的开导和不断的自我学习，王杰很快改变了对工兵的认识，第一个写下决心书，表示即使再苦再累，也甘愿当好一名工兵！

1961年是国家连续遭受三年经济困难的最后一年，工兵部队前往连云港外的海岛施工，生活非常艰苦，吃的是豌豆面的窝窝头，住的是茅屋。小岛上没有马路，没有电影院，没有商店，就连部队每天的用水都是由陆上运来，而且受到严格限制。每天12小时的高强度坑道施工作业，对于新兵来说是个巨大的考验。王杰每天举着10多斤的大锤打钎，几天下来手磨破了，肩练肿了，连吃饭的勺子都有些拿不稳。艰苦的环境和巨大的工作量，不免让一些战士产生了不满的情绪，更有人说起了风凉话："初中生来施工，真是高射炮打蚊子——大材小用啊！"[①]王杰深知这种情绪会极大影响工作热情，为了转变思想，他利用晚上休息的时间，认真学习研读了《为人民服务》《愚公移山》两篇文章，意识到只有在困难中才能磨炼意志。于是，他咬紧牙关坚持苦练打锤技术，立志要像老兵们一样坚韧不拔。同批战友也被王杰的举动所感染，大家的工作劲头更足了。连绵的细雨伴着寒冷的海风一起袭来，寒气逼人，每打一锤，水眼里的石浆就会喷到脸上和手上，王杰的手背、臂膀肿得更厉害了，右手攥不起拳，伸不直手指，他不得不用左手吃饭。王杰所在小组坚持每天早出晚归，付出了超出常人的努力，打锤技术日渐提高，由打底炮逐渐学会打顶炮、拱炮，日掘进指标由原来每小时7厘米提高到12厘米。他和战友杨洪江的掘进小组，一跃成为连队的红旗组。入伍仅半年，王杰就被评为连队"打锤标兵"。

王杰不仅在训练上敢于吃苦，在生产生活中也发扬出了"不怕吃苦"的精神。1962年3月，王杰所在的工兵一连接到了去军人农场执行春播的任务。农场没有播种机，播种条件十分有限，为了抢时间，连里决定采用人拉耩子的办法播种。这需要一个身强体壮的战士驾耩子，王杰的身体条件并不是连队最好的，但他主动请缨，他认为干工作，就不能怕苦怕累，更何况自己还是共青团员，团员

① 汪林编著：《英雄模范共产党员故事汇　王杰》，青海人民出版社2021年版，第59页。

王杰被评为“打锤标兵”

在工作中就要起模范带头作用，应该干最苦最累的活儿。班长虽然没有同意他的请求，但王杰总是抢着去干，一连十几天，一直干到春播任务顺利完成。

1963年5月22日，工兵一连进行一次500里的长途行军，这是王杰入伍两年来第一次参加如此长距离的野外徒步行军，其艰苦程度可想而知。部队于凌晨3点半出发，刚走了20多分钟，天就下起了蒙蒙细雨，不少战士都滑倒了。王杰作为这次行军的宣传鼓动员，不时地喊口号、说快板，给战士们加油鼓劲。人胖个小的副班长王守连行军没多久，脚上就已磨了三个泡，他深受王杰鼓舞，心里暗下决心一定要不怕困难，爬也要爬到目的地。第一天行军70里就宿营了。王杰脚上也磨起了泡，浑身酸痛，难能可贵的是，王杰仍然帮助战友们打好洗脸水，给新战士戳破脚上的水泡，随后又帮助炊事班切菜，一直忙活到晚上10点多。回到班里，他在这天的日记中写道：“斗争最艰苦的时候，也就是胜利即将来到的时候，可也是最容易动摇的时候。因此，对每个人来说，这是个考验的关键。经得起考验，胜利地通过了这一关，那就成了光荣的革命战士；经不起考验，通不过这一关，那就成了可耻的逃兵。……不！我决不做可耻的逃兵，要做光荣的战士，经得起考验，克服天大的困难，圆满地完成野营任务。”[①]连日徒步行军的艰辛，磨炼锻造了王杰“不怕吃苦”的意志品质，提升了他的战斗精神。

有一种工作境界叫作“自找苦吃”，王杰就是一个在工作中“自找苦吃”的典型。1965年4月，应越南劳动党的请求，毛泽东主席决定抗美援越，全军掀起了一场实战化练兵的热潮。一连五班是全连的先行班、尖子班，担任班长的王杰率先将备战训练贯穿到日常训练全过程，组织全班进行在“敌前沿设置防坦克雷场”作业。按照实战要求，每个人要携带四个实雷，而他们训练时使用的是自制木壳雷，比实雷轻得多。王杰心想：训练是为了打仗，平时苦一点，累一点，战时才能过得硬。于是他和战友们在每个木壳雷里装上土，装好后一个个过秤，直到和实雷重量一样。作业开始时，战士们背着四个雷，加上枪支弹药、小圆锹、小铁镐，一共有40多斤，摸爬滚打，一个个累得够呛，思想开始下滑，王杰就给大家讲黄继光、董存瑞的英雄事迹。在匍匐托雷前进时，有的战士臂力

---

① 王杰生前所在部队编：《王杰》，解放军出版社1990年版，第29—30页。

小，一只手托一个雷，托不了多久，就累得肩酸臂痛，地雷就掉落在地上，王杰就带着大家苦练托雷基本功。一天，两天，衣服磨出了洞，胳膊磨破了皮，战士们臂力增强，再托起两个雷也不觉得怎么累了。在训练场上，王杰总是认真帮助战友训练，他一步一动地示范，手把手地教学，还经常把自己总结的口诀传授给战友。王杰还是第一个提出在坚硬的坦克道上进行埋雷训练的。正是这种“自找苦吃”的工作态度，让他始终把作业场当作战场来训练，紧贴实战，练就真本领。

王杰对于吃苦有着深刻的理解，他在1964年2月3日的日记中写道：“干革命是要吃苦的。革命的道路是崎岖不平而又险阻的。革命前辈在革命的道路上，已为我们树立了光辉的榜样。我们是革命的接班人，有什么理由畏惧困难，逃避艰险呢！我们青年人要像疾风中的劲草，岁寒时的松柏，经得起艰难困苦的考验，勇敢地担当起建设社会主义的重担。”[①]字里行间洋溢着一名革命军人不怕吃苦、敢于吃苦、以苦为乐的精神风范。

1965年1月，坦克二师工兵科在徐州佟村坦克教练场组织教练员集训。一天下午，集训教官季家祥安排王杰担任示范班班长，主要教授大家“敌前沿设置防坦克雷场”。晚上，王杰开始思索，这是自己的第一课，必须讲好！但如何才能保证效果呢？他经过苦思冥想，参考以往曾给高绍忠副连长抄写的教案的路数，写成了自己的教案。但这教案还没有经过实战验证，也只能是纸上谈兵，怎么办？一个字：练！王杰于是下半夜就起床来到了训练场。这天恰好下起了大雪，科

①《王杰日记》，人民出版社1965年版，第35页。

目要求以卧姿行进，他就冒着寒冷的夜风卧在雪地里，打着手电筒，一边实际操作，一边修改教案。脸冻紫了，手冻僵了，但他下定决心，要用实战操作方法来教好这堂示范课，自己吃点苦算什么！从实战出发，这也恰恰是王杰学到的“郭兴福教学法”的精髓之所在！由于准备充分，第二天上午王杰的示范课讲授得生动形象，堪比实战，得到了总教官和战友们的一致好评。然而，很多人只知道他的成功，却不知这是他寒夜卧雪赢来的业绩！

作为一名领导干部，每个人手中都有一份工作，工作也是组织赋予的责任和义务。一样的活百样干，一样的工作百样做，新时期的党员领导干部，就应该把党的工作作为终生的事业，敢于迎难而上，甘于吃苦奉献，把“吃苦”作为干事创业的必要精神和人生的宝贵财富，坚决完成党和人民赋予的新时代使命任务。

（二）哪里有危险哪里就有王杰

哪里有困难，哪里最危险，哪里就有王杰。无论什么时候，无论面对什么样的困难和危险，王杰都毫不畏惧、毫不退缩。1963年2月21日进入沂蒙山区施工的王杰，在日记中写下：“是共产党员哪能不视死如归，做革命军人岂能管个人安危。”[①]王杰是这样说的，也是这样做的。

小时候的王杰是一个勇敢的孩子。1955年12月初冬的一天，在放学回家的途中，急忙赶路的王杰发现华堌村东头一家房顶浓烟滚滚，他顾不得路滑飞奔过去，大喊着“快救火呀”跑进院子里，扔下书包，顺手拿起脸盆，一趟趟从水坑边端水救火，一次次摔倒，

①《王杰日记》，人民出版社1965年版，第33页。

一次次爬起。邻居们闻讯赶来，你一盆我一桶，不到半小时大火就被扑灭了。而此时的王杰因为在救火中被枣树刮到脸，流出了血，脸上红一道，黑一道，变成了小“包公”。村民们纷纷称赞小王杰真是个小英雄。

入伍后的王杰是个积极进步的战士。1961年9月，工兵一连开赴连云港附近的一座小岛施工。他总是第一个出现在施工现场，又是最后一个离开的。王杰骨子里有一股不甘落后、不服输的精神，他下定决心，一定要拿一枚勋章回家见父母！王杰后来在1963年9月6日的日记中这样写道：“真正的革命者，就要准备在斗争的过程中迎接万难，排除万难，不怕困难，经受住各种各样的风浪的考验，哪怕是刮起十二级台风来，也要站稳脚跟，坚定不移地前进。”①三个月的风雨考验与意志磨砺，使王杰意志更加坚定、内心更加成熟，他成长为具有乐观主义精神和勇于担当精神的人民解放军战士。

成长后的王杰是个不畏艰难的工兵。1964年，王杰来到沂蒙山区参加国防施工，在施工中，他专拣重活险活干。施工爆破作业频繁且危险，于是组织上决定成立爆破班，王杰任副班长。爆破班担负着装炮、放炮的任务，责任大，危险性高。哪里困难多、危险大，王杰就出现在哪里，排除哑炮是最危险的工作，王杰总是当仁不让，冲在最前面，不让战友们靠前。爆破是全连施工进度的关键，爆破后要看实际效果，才能确定下道工序的计划安排。由于爆破产生的烟雾、粉尘、瓦斯气体、硝铵炸药残留物消散不尽，整个坑道气味难闻，光线黑暗。每到此时，王杰总是第一时间第一个闯

---

①《王杰日记》，人民出版社1965年版，第34页。

进坑道，检查爆破效果，不让其他战友靠前。为了给下道工序的同志提供安全施工条件，他又马不停蹄地帮助排险石的战友进行排险。排险石并不是王杰的本职工作，但他总是抢着干，这是个体力消耗量大、操作动作复杂、危险系数极高的活。爆破后坑道顶部残留的险石，大的几百斤，小的几十斤。由于冲击波的作用，相互间连接已有裂痕的岩石，稍有震动就可能突然掉下来，危及下面施工人员的安全。王杰总是拿起4米多长10多公斤重的钢筋，颤颤巍巍地擎到5米多高的坑道顶部，不停地在这里捅捅，那里敲敲。听到岩石声音异常，他就拼尽全力迅速撬下来，消除隐患。仅仅几分钟下来，双臂就被震得发麻，颈部又酸又疼，汗水、泥水直往袖筒里流，不一会工夫就变成了泥人。厚厚的两三层口罩都被刺鼻的黑烟熏黑了，他就像一次次从硝烟弥漫的战场凯旋的战士，充满着刚毅与坚强。装炮、放炮任务完成后，王杰又主动帮助战友们运渣，做其他力所能及的事情，任何辛苦和危险都阻挡不了王杰火热的工作热情。

（三）愿把青春献人民

“愿把青春献人民”出自王杰在沂蒙山区施工时写下的一首诗，全诗为：“沂蒙高山耸入云，我们施工为人民。不怕工作苦和累，愿把青春献人民。”[①]这首诗，既代表着王杰的心声，也是他以苦为乐、以奉献为乐的高尚人格的生动写照。正是在沂蒙老区参加国防施工那一年的时间里，王杰的思想在沂蒙精神的影响下不断淬炼，得到了进一步提升。

---

① 王杰生前所在部队编：《王杰》，解放军出版社1990年版，第56页。

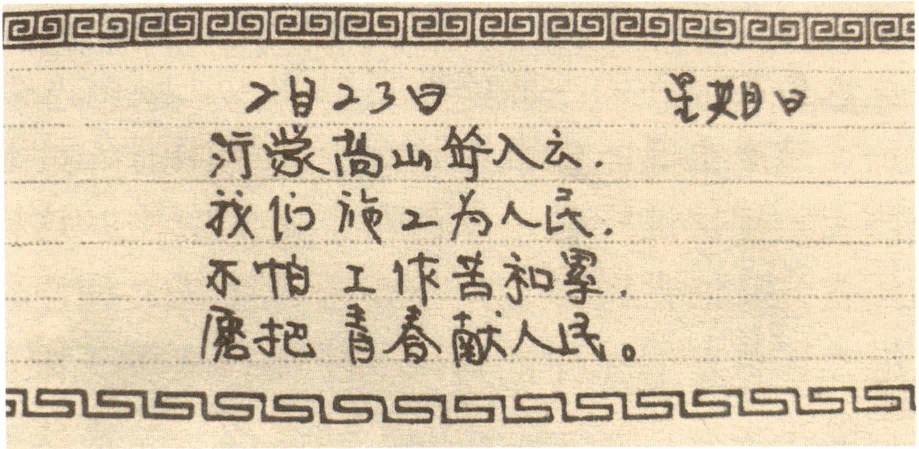
2月23日 星期日
沂蒙高山耸入云.
我们施工为人民.
不怕工作苦和累.
愿把青春献人民。

王杰的诗

1964年初，王杰所在的工兵营三个连奉命到沂蒙山区施工。这是一片神圣的大地、一方革命的沃土，在这片红色土地上，诞生了沂蒙红嫂、沂蒙母亲、沂蒙六姐妹等可歌可泣的英雄儿女，传承着军民“水乳交融、生死与共”的沂蒙精神。王杰所在的工兵营三个连进驻沂蒙山区上冶公社（现为费县大田庄乡）后，立即受到了当地广大乡亲们的热烈欢迎。当时山区没有军营，部队就住在韩家庄、要峪、牛岚、英中四个村落老百姓的家中。要峪村一对新婚夫妇崔运祥、曹正桂将冬天里刚刚盖好正准备搬进去住的三间新房，主动让给王杰班的战士们居住，他们一住就是七八个月。身在沂蒙大地的王杰和战友们，切身感受到了老区人民对军队战士们那份淳朴的感情和无私的关爱，于是他迸发出了参与国防施工的巨大热情。开始施工的几个月，天气十分寒冷，有时还风雪交加，施工的客观条件非常艰苦。爆破组是整个施工的关键，影响着整个施工的进度，因为技术过硬，被任命为爆破班副班长的王杰，面对困难和危险总是冲在最前面。遇到山中雨雪时，许多炮眼里潮湿有水，为了避免“哑炮”，王杰就把炸药装在牛皮纸筒里，用线缠好，外面用沥青封牢，再装进炮眼里。他认真细致地对待每一道工序，在施工中出色地完成了大量的爆破切壁任务。这还不算，他又主动到排石组、运渣组去抢活干。在这些高强度、高风险的工作中，王杰总是任劳任怨，从不叫苦，用自己的辛勤和汗水回报着党和人民的培养，还有脚下这片英雄的土地。

在4月初的施工期间，王杰不慎被沥青烫伤了右手。他不肯休息，右手不能干活，就坚持用左手力所能及地为战友们做服务工作，一干就是十多天。由于伤口感染，王杰被连长强令住院治疗。在住院期间，由于不能参与施工，他内心十分难过，开始练习用左手写日记。他写道：“听了军医的话心很沉重，人最难过的是失去为党工作的机会，虽然是暂时的，但也很难过。”[①]“人最幸福的是为群众服务，人最痛苦的是失去人民的信任和为人民工作的机会。”[②]如果不是对党和人民满怀着一种深厚的感情，又怎会从心底流出这样的话语。在他的心里，除了党和人民，已经装不下其他太多的东西，能够最大限度地完成党和人民交付的任务，就是自己的青春岁月最光荣的使命。王杰住进了兖州九一医院进行治疗，部队特别交代医生一定要看好他这个“关不住的病号”。王杰的伤势得到了恢复，但他还是申请提前两天出院回到了沂蒙山区，投入了紧张而繁忙的国防施工……在王杰心中，自己吃点苦、受点累，只要能为国家和人民多做一点工作，就是

① 王杰生前所在部队编：《王杰》，解放军出版社1990年版，第62页。

② 王杰生前所在部队编：《王杰》，解放军出版社1990年版，第71页。

快乐的。

毛泽东曾指出，“我们一切工作干部，不论职位高低，都是人民的勤务员，我们所做的一切，都是为人民服务”[①]。王杰就是“人民勤务员”的典型代表，他用一生践行了“愿把青春献人民”的誓言。沂蒙山区施工进入夏季，不但酷热难耐，而且蚊虫叮咬得特别厉害，还要时常提防夜间随时暴发的山洪，但王杰鼓励战友们咬牙坚持着。眼看着八一建军节就要来到了，他在头一天的晚上，专门写下一段日记，提醒自己自从住到山上以来，和山下的乡亲们接触少了，要利用建军节休班的时间主动到附近的村庄，为他们挑水砍柴做些好事。如今，在坐落于山东金乡的王杰纪念馆里，“愿把青春献人民”这七个大字非常醒目地镌刻在一楼序厅的廊柱上，成为每一批前来瞻仰英雄和学习王杰精神的党员干部们格外关注的内容。

中国共产党历经了百年沧桑，但百年不变的是根基在人民，血脉在人民。党团结带领人民进行革命、建设、改革，根本目的就是让人民过上好日子。无论面临多大挑战和压力，无论付出多大牺牲和代价，这一点都始终不渝、毫不动摇。人民是中国共产党执政的最大底气！56年来，王杰的名字始终响彻中华大地，那是因为，王杰的一生是全心全意为人民服务的一生，是无怨无悔奉献人民的一生。谁把人民放在心里，他的名字注定要被历史和人民永远铭记！他的精神也必将为后人所世代薪火相传！

民族延续、国家兴旺需要我们拥有“两不怕”的血性和担当。血

① 毛泽东：《一九四五年的任务》，《毛泽东文集》第3卷，人民出版社1996年版，第243页。

性是一种战天斗地、百折不挠的精神力量。担当是敢于坚持原则、认真负责，面对大是大非敢于亮剑，面对困难敢于迎难而上，面对危机敢于挺身而出，面对错误敢于承担责任，面对歪风邪气敢于坚决斗争。作为新时代的党员干部，面对困难与挫折，不轻言放弃，以坚定的信念勇往直前，在人民利益面前明晓大义，长怀弃小我成大我的家国情怀，这就是当代的血性与担当。“黄沙百战穿金甲，不破楼兰终不还”，有情怀才会主动担当，有担当才能有所作为。面对实际工作中的艰难险阻，需要我们拿出情怀、血性和担当，需要我们不惧艰险、迎难而上。

二、舍生取义不怕死

1963年2月21日，王杰在日记中这样写道：“今后不论在什么工作中我一定做到：‘为党的事业忠心耿耿，为革命胜利勇于牺牲。是共产党员哪能不视死如归，做革命军人岂能管个人安危。’”[①]王杰将自己的内心独白呈现到日记当中。危急关头的纵身一扑，他又用自己的实际行动践行着不怕牺牲、舍生取义的精神。王杰从小学英雄，立志做英雄，最终成为英雄，他用自己短暂的一生书写了一部英雄的成长史。

2020年9月8日，习近平总书记在全国抗击新冠肺炎疫情表彰大会上的讲话中指出：“世上没有从天而降的英雄，只有挺身而出的凡人。青年一代不怕苦、不畏难、不惧牺牲，用臂膀扛起如山的责任，展现出青春激昂的风采，展现出中华民族的希望！”王杰精神虽然诞

① 《王杰日记》，人民出版社1965年版，第33页。

生于20世纪60年代的社会主义建设时期，但王杰精神并不是凭空而降，也不是孤立存在的，它包含了舍生取义的民族精神、不怕牺牲的革命精神。王杰精神与焦裕禄精神、雷锋精神一样，成为我们党和国家永远的宝贵的精神财富。

（一）人民生命财产重要，个人安危不值得考虑

人民的生命财产至上是中国共产党人永远的信念，是中国共产党人永恒的价值标准。1963年8月28日，王杰在日记中这样写道：“人民生命财产重要，个人安危不值得考虑。”①看似简短的文字背后，恰是王杰为人处世的价值标准。王杰始终把人民的生命财产与安全放在第一位。从少年时期主动请缨坚守仓库、勇救枣红马、水中救妇，到参军之后的激流探路、寒夜架桥、雨中抢救集体物资等，无不体现了他不顾个人安危，保护人民生命财产安全的人生境界。

1957年夏，鲁西南大地普降大雨，到处积水成灾。放学回家的王杰路过村集体的仓库时，发现这里已经被洪水包围，王杰见势不妙，立刻向仓库保管员报告情况。保管员当即决定连夜将仓库内的集体物资转移出去，在保管员准备去村里叫社员一起来搬运物资之际，王杰主动承担守卫集体仓库的任务，并向保管员保证在搬运物资的社员到来之前，一定把仓库的大门坚守住，保证绝对不会进一滴水。由于连日的大雨早已将村内村外灌满了水，社员们都忙着先将老人和孩子运送到安全地区，王杰一等就是两个小时。为了不让仓库进水，王杰冒雨搬砖挖土，在仓库门口筑起拦水坝，直到搬运物资的社员们纷

① 王杰生前所在部队编：《王杰》，解放军出版社1990年版，第39页。

纷赶来，王杰还没有停歇。随后王杰又加入了搬仓行列，社长夸他是“扛大梁的小社员”。

16岁那年夏天，王杰与同学辛庆文、周维立来到城南的水塘里练习游泳，突然远处水面传来“救命”的呼喊声，一位在塘边玩的大嫂掉进了水里！王杰第一个爬上岸来，顺着呼救声跑去。周维立和辛庆文紧随其后，两人来到南岸边，只见王杰早已跳入水中。随即三人合力将塘中的大嫂救了上来。在王杰的家乡，他多次救护群众的财物和见义勇为救人的故事口口相传，见证着少年王杰的一颗火热的心。

1964年8月，王杰在沂蒙山区参与国防施工。一天夜里突然狂风暴雨，电闪雷鸣。睡梦中的王杰听到一声巨响，立刻被惊醒了，他猛地起身向外瞧去，只见天色骤变，暴风雨即将来临，说时迟，那时快，王杰如离弦的箭一般冲了出去，原来他是担心工地上席棚子里堆满的雷管和炸药，如果一旦被雨水淋湿就全部报废了。转眼间倾盆大雨从天而降，王杰飞快地找到几件雨衣，直奔席棚而去。他首先来到存放雷管的棚子，发现雨水正在往里渗，连忙用木棍垫在放雷管的箱子下面，他又担心排水不畅，就用铁锹挖出了几条排水沟。而后王杰又来到炸药棚，看到棚子的门在大风中不停地摆动，雨水也打了进去，他仔细查看炸药是否安全以及棚子是否漏雨，在确保万无一失之后关好棚门，这才回去休息。战友们看到王杰浑身湿漉漉地跑回来，便问他干什么去了，他一边拧干衣服上的雨水，一边微笑着催战友们赶快睡觉。

“伟大出于平凡”！这是王杰1961年8月初进军营时从报纸上读到并写入日记的一句话，这何尝不是他成长的生动写照。通过王杰的成长经历，我们可以了解到，英雄的成长并不是一蹴而就的，而是日积月累养成的。他在任何情况下都迸发出舍己为人、不惧困难、勇于担当的精神。他时刻谨记人民和祖国的利益高于一切，用实际行动捍卫人民至上、国家至上的使命担当。王杰不怕危险、面对危险勇往直前的精神，正是他从小就不断坚持养成的习惯，又融入贯穿到参军后的点滴生活中。在平凡的工作岗位上，在人们认为没有前途的地方，一样会出英雄人物，在人们认为有前途的工作岗位上，也不见得成为英雄，这是英雄王杰的辩证法，也正是靠着这些一点一滴无处不在的培养，造就了一名伟大的共产主义战士。

（二）做一个大无畏的人

王杰很早就立志做一名无所畏惧的毛主席的好战士。苦累面前迎难而上，生死面前永不退缩，就是王杰所理解的大无畏革命精神。正如他在日记中所说：“为党的事业忠心耿耿，为革命胜利勇于牺牲。”[1]“我们要一不怕苦，二不怕死。做一个大无畏的人。”[2]为此他积极地向英雄学习，向英雄看齐。

王杰从小就爱听英雄故事，爱看英雄画册。他多次翻阅《刘胡兰》《董存瑞》《黄继光》《罗盛教》等英雄画册，并可以生动地讲述他们的事迹。中学时，王杰多次来到羊山烈士陵园为烈士祭扫，他敬仰羊山陵园的八千英烈的英雄行为，立志报效祖国，做一个大无畏的人。

王杰向身边的英雄学习。高绍忠是抗美援朝战场上走下来的三级战斗英雄，是王杰所在连队的副连长。他在一次战斗中带领着敢死队

---

①《王杰日记》，人民出版社1965年版，第33页。

② 王杰生前所在部队编：《王杰》，解放军出版社1990年版，第102页。

面对敌人的猛烈炮火，勇于冲锋，抢救出了战功显赫的215号坦克，并与它配合一举击毁美国侵略军三辆坦克。高副连长的英雄事迹令王杰心潮澎湃、热血沸腾，争当英雄工兵的想法便油然而生！

王杰向战斗英雄学习。他从《战斗英雄的故事》一书中了解到了“滚雷英雄罗光燮”的故事。1962年10月，印度军队在我国的西部边境发动了大规模的武装进攻，我军在哨所被围、人员负伤的情况下，被迫进行反击。罗光燮所在的工兵连执行爆破任务，他不畏严寒，手冻伤了仍然主动要求参加战斗。他第一个闯进敌人的雷区，并积极排雷，意外踩上了一颗地雷，左腿被炸断了，手里的爆破筒也滚到山坡下边……只见他负伤的身体猛地扑倒，向雷区滚去。罗光燮用血肉之躯，开辟出一条安全道路。一声又一声的巨响，雷区内硝烟弥漫。雷区被打通了，伟大的战士罗光燮却为祖国献出了年轻的生命……王杰的心灵被罗光燮的英雄壮举深深打动，他暗下决心，当祖国需要的时候，一定也像罗光燮那样，用生命保卫祖国，用生命报效祖国！王杰在部队中，先后和战友们一起观看了《扑不灭的火焰》《昆仑山上一棵草》《战火中的青春》《上甘岭》《红嫂》《雷锋》《自有后来人》等电影，黄继光舍身堵枪眼的英雄壮举，对王杰触动极大，他一直将黄继光作为自己学习的榜样。翻开王杰日记本的扉页，一张黄继光的图片赫然映入眼帘，这张图片是王杰入伍后从报纸上剪下来的，他以此时刻提醒自己，要像黄继光那样做一个视死如归、大无畏的人。

1963年3月3日，王杰在日记中写道：“为了党，我不怕进刀山入火海，为了党，哪怕粉身碎骨我也心甘情愿。”[①]王杰在1963年4月25

①《王杰日记》，人民出版社1965年版，第54页。

日的日记中说：“一个人生活在世界上，活要活得有意义，死要死得有价值，活在世上不能碌碌无为，虚度年华，要像黄继光、董存瑞、雷锋、钱正康那样，把自己的一切甚至生命献给祖国，献给人类最壮丽的事业——共产主义。死要死得有价值，为了祖国，为了人民，就死得其所，死得光荣。如果替反动派卖命而死，就死得可耻，比鸿毛还轻。我要向黄继光、董存瑞、雷锋、钱正康学习，把自己的青春献给人类最壮丽的事业——共产主义。”①据统计，王杰在日记中曾6次提到董存瑞，8次提到黄继光，33次提到雷锋，他还提到了邱少云、罗光燮、陈代富、王忠殿、吴明元、黄家富、安业民、刘胡兰、向秀丽、欧阳海、谢臣、王若飞、方志敏、关向应等革命先烈。

学习是最好的纪念，践行是最好的敬仰。王杰崇敬英雄，用心学习英雄，决心弘扬英雄精神，积极践行英雄行为，从英雄身上不断汲取无畏前行的精神动力。20世纪60年代初，国内遇到了前所未有的困难，连续三年经济困难和苏联撤走援建项目的经济压力，使新中国和新中国的人民处于极其困难的境地。国际方面，美国在越南的战争行动不断升级，我国周边安全形势不容乐观，并计划向越南提供全面支持。王杰为了能够随时上战场，主动申请了超期服役，时刻准备着报效国家。1965年7月14日，王杰危急关头的纵身一扑，守护了群众生命安全，彰显出一位共产主义战士的大无畏精神。

（三）即使献上青春，也无怨无悔

“当兵是为人民、为党、为祖国而来的，不管任何工作，党指到

① 王杰生前所在部队编：《王杰》，解放军出版社1990年版，第25页。

哪里就冲向哪里，就是需要献上青春也没怨言。”[①]这句话出自1963年8月19日，王杰所在的工兵一连接到赴天津抗洪抢险任务后，等待出发时，王杰向领导提交的决心书。当人民群众生命安全和财产受到威胁时，王杰义无反顾地冲在第一线，践行无愧于组织、无愧于人民、无愧于职责的初心使命，为人民群众生命财产安全保驾护航。

1965年6月28日这天，王杰看完电影《自有后来人》后，在当天的日记中写道：“只要革命需要，我一定像李玉和那样视死如归，不怕牺牲，直到生命的最后一秒钟。”[②]1965年7月13日，这天夜晚，王杰正在和副班长张钦星促膝谈心，因为上午召开了半年初评大会，发扬民主给领导提意见，副班长提的意见有许多比较片面，王杰引导他“一分为二”地看问题。熄灯后，他打开手电筒，借助微弱的灯光写下了人生的最后一篇日记：

加油

四好五好花正浓，一年又比一年红。
新的一年更跃进，跃马横戈向前冲。
半年初评“加油站”，检查评比把“油”添。
分秒必争学“毛著”，如同紧握方向盘。
眼前道路更宽广，步伐更快永向前。[③]

---

①《王杰日记》，人民出版社1965年版，第37页。

② 王杰生前所在部队编：《王杰》，解放军出版社1990年版，第104页。

③ 韩义祥：《100位新中国成立以来感动中国人物　王杰》，吉林文史出版社2012年版，第60页。

凌晨两点，轮到王杰站岗，到了3点他该换岗了，他又替东庆明多站了一班岗。到凌晨4点，王杰便叫醒了陈建桐接替了他的岗。王杰回到屋里，像往常一样拎起水桶，挑来一担新水，为了不影响同志们休息，他轻手轻脚地把大家的脸盆拿到院子里，一一倒上洗脸水，这也是王杰几年来一直坚持的习惯。凌晨5点，王杰收拾好训练器材，踏着晨露前往民兵训练场地。

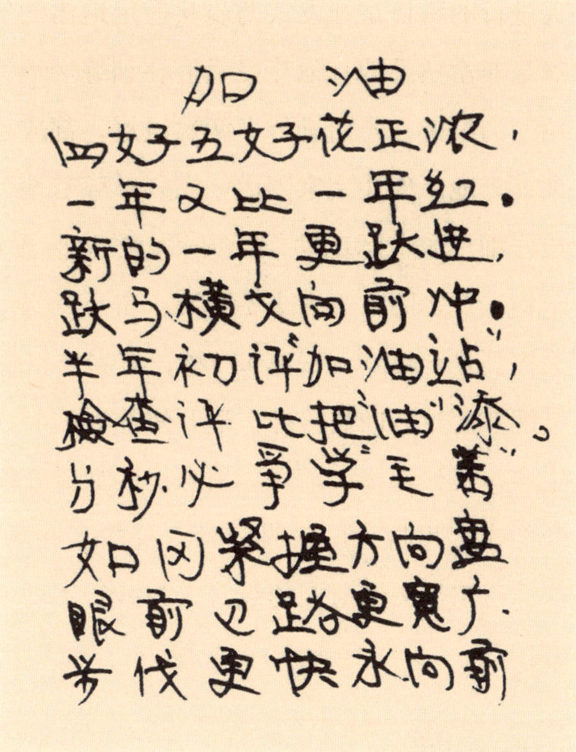
加油
四好五好花正浓，
一年又比一年红。
新的一年更跃进，
跃马横戈向前冲。
半年初评加油站，
检查评比把油添。
分秒必争学毛著
如同紧握方向盘
眼前道路更宽广
步伐更快永向前

王杰的手书

王杰步行来到了邳县张楼公社民兵训练场，来得有点早，他便拿出《为人民服务》开始诵读：“人总是要死的，但死的意义有不同。中国古时候有个文学家叫做司马迁的说过：‘人固有一死，或重于泰山，或轻于鸿毛。’为人民利益而死，就比泰山还重……”这一篇文章，王杰读了一遍又一遍，“为人民利益而死，就比泰山还重”这句话，他牢牢记在心里。

此时，近两周紧张有序的民兵训练工作已经接近尾声，王杰再给当地民兵上一堂实爆训练课就可以圆满地完成首长交给他的任务。这天进行的科目是绊发式防步兵应用地雷的实爆训练。对于该科目，王杰是非常熟悉的，他让民兵们在训练场地等着，独自来到训练场地一侧的沟渠旁，先后进行了两次试爆，都成功了。王杰这才放心地回到训练场地。他让大家围成一圈，单膝着地，一边认真地进行讲解，一边仔细地做着示范动作。突然，拉火装置意外自燃。在这生死关头、千钧一发之际，王杰毫不犹豫、奋不顾身地扑向炸点……从拉火装置失控到炸药爆炸，只有0.75秒，有着丰富爆破经验的王杰完全可以凭借娴熟的技能向后一仰，避开爆炸时的45度最大杀伤角，保住自己的生命，但他选择了前扑，用自己的血肉之躯，独自承受爆炸带来的致命冲击，用自己的粉身碎骨，挽救了在场的12名民兵与人民武装干部。王杰用关键时刻的纵身一扑践行了即使献上青春也无怨无悔的誓言！

王杰的英雄壮举

被救的12名民兵与人民武装干部合影

一声巨响划过天际，爆炸惊动了军营，同乡战友辛庆文第一个来到王杰身边，搂着他那被炸开的胸膛，问了好多为什么。为什么你明明有足够的时间后仰躲避爆炸时的最大杀伤角却选择了纵身一扑？为什么你明明年轻有为前途光明却选择舍生取义？为什么你已经约定了婚期即将开启幸福的生活却选择了让别人好好活着？太多太多的为什么，辛庆文和战友们还有乡亲们多么希望王杰能够亲口来回答他们，可是此时的王杰永远地闭上了双眼，成为一座永恒的丰碑。在这次爆炸中，在场的12名民兵与人民武装干部虽有不同程度的受伤，但都没有生命危险，然而，王杰的青春年华，却定格在了23岁。王杰，他用自己的血肉之躯和实际行动，诠释了什么才是“一不怕苦、二不怕死”的精神。

三、锐意进取勇创新

2013年10月21日，习近平总书记在欧美同学会成立100周年庆祝大会上的讲话中指出："创新是一个民族进步的灵魂，是一个国家兴旺发达的不竭动力，也是中华民族最深沉的民族禀赋。"创新精神是指能够综合运用已有的知识、信息、技能和方法，提出新方法、新观点的思维能力和进行发明创造、改革、革新的意志、信心、勇气和智慧。少年时期的王杰具有极强的好奇心，是个善于观察、爱思考、有丰富的想象力且特别善于钻研的孩子。以文化兵身份入伍的王杰更是不断创新思维方式和工作方法，把创新贯穿到自己的学习、训练和生活当中，成了当时连队里有名的"革新家"。

（一）勤学苦练、实战为上

入伍以后的王杰通过深入学习教学训练方面的知识，虚心向连队业务尖子请教学习，大量翻阅部队军事教学书籍，不断完善教学方式，提高自己的教学水平。同时，他充分发挥"四会教练员"的优势，坚持战练结合、以战促练、服务实战，带领全班战士积极备战训练，进行苦战、实战、恶战，在困难面前练就了不怕吃苦、不畏艰险的精神。

1962年2月28日晚上，工兵一连进行实爆训练。训练中，战友们的炸药包一个个成功爆炸了，而王杰的炸药包没有成功实爆。训练结束时已是深夜，王杰却没有一丝困意，刚刚实爆的情景如电影一样不停地在脑海中来回播放。然后王杰拿出日记本写道："这是一次教训，千万千万记住，各项工作都要大胆细心去做，记住，永远记住。”[1]王杰就是这样，遇到问题解决问题，遇到困难克服困难，不断在工作训练中总结经验吸取教训，严格要求自己，在一次次训练中磨砺意志，逐步养成了勤学苦练、实战为上的训练作风和工作态度。

1965年1月，坦克二师工兵科在徐州佟村坦克教练场组织教练员举行推广“郭兴福教学法”集训，在工兵技术能手考核中表现出色的王杰担任了集训队示范班班长。一天夜里下起了大雪，把一切准备好的训练现场全给覆盖了。第二天，集训队教官季家祥早早来到训练场地熟悉地形，他远远望去，看到有一个身影趴在雪地里，走近一看，原来是王杰在这里提前练习示范动作，思考突发情况的解决办法。由于王杰极度认真的备课态度，最终配合季家祥圆满完成了“工兵班在敌前沿设置防坦克地雷场”这一科目的示范任务。示范班完成作业后，王杰给每个人发了一根树枝，季家祥和示范班的战士都很疑惑，只见王杰在自己示范后的场地上用树枝把留在雪地上的脚印等痕迹轻轻扫除，恢复了雪地原貌。王杰时刻坚持实战化要求，而这一细节，也令在场的教官们眼前一亮，最终，王杰所带领的示范班受到了集训队的一致好评。

只有平时多流汗，战时才能少流血！这是王杰生前经常说的一句口头禅。王杰作为工兵营优秀的军事教练员、尖子班班长，在军事训练中总是带着敌情去练兵，他专挑条件差困难多的场地布设地雷，以达到在实战情况下有效杀伤敌人的目的。一天夜训，工兵一连五班的战士们背着一个个“铁西瓜”来到了布雷场。随着王杰一声令下，一条条黑影齐刷刷卧倒，面对泥土和碎石子压成的坦克跑

---

① 王杰生前所在部队编：《王杰》，解放军出版社1990年版，第6页。

道，新战士用尽全身力气，一锹下去，却挖不出多少土，两臂还震得发麻。有的同志不理解，认为有那么多地方不去练埋雷，偏偏在这坚硬如铁的坦克道上“折腾人”，内心产生了转移阵地的想法。战士们消极的训练态度王杰一眼就看了出来，他认为战士们思想上松了弦。他叫大家停止作业，围在一起讨论。王杰给战友们讲：战时可能会遇到比这更坚硬的场地，训练是为了打仗，是为了在真刀真枪的战场上过得硬，面对美帝国主义在越南不断扩大的侵略战争，我们要时刻准备履行国际义务，必须练就一身过硬的本领。说罢，他念了一段《愚公移山》，然后叫大家跟愚公比一比年龄、困难与毅力，战友们一致认为，大家年龄优于愚公，困难轻于愚公，毅力却难比愚公。经过一番比较，大伙鼓足了干劲，无论多么坚硬的场地都要征服它，坚决不换阵地！新战士徐汝明个子小，体力弱，挖不了一会儿，就累得气喘吁吁，手上磨起了泡，但他仍旧一声不吭，继续坚持训练。在王杰的带领下，五班坚持以实战为要求从难、从严训练，在多次军事比武中，五班凭借着过硬的军事素质，取得了优异的成绩，成为“尖子班”，并且非常光荣地代表工兵营参加了全军汇报演出。

进入新时代，王杰勤学苦练、实战为上的训练作风一直是部队带兵、练兵、用兵的重要方法，勤学苦练是提高广大官兵军事技能、提升部队战斗力的重要途径；实战为上是锤炼广大官兵备战意识、提高练兵备战质量和水平的时代要求。2018年3月12日上午，习近平总书记在出席十三届全国人大一次会议解放军和武警部队代表团全体会议时强调指出：“部队还是要练，要随时准备打仗，枕戈待旦不是唱歌唱出来的。”“要大力纠治‘和平病’，坚持仗怎么打、兵就怎么练，要瞄着未来可能发生的战争、可能的作战对手，有针对性地去练。”①统帅一席话，振奋军民心。大国军队要有大国军队的样子，能否履行好新时代使命任务，关键就在于能否练出硬本领，能否锻造召之即来、来之能战、战之必胜的精兵劲旅。新时代下，部队各级严格贯彻落实习主席的重要指示，切实破除“和平积弊”，秉持实战化要求，发扬“一不怕苦、二不怕死”的战斗精神，坚定不移把军事训练摆在战略位置，作为中心工作，用实战的标准、胜战的姿态掀起练兵备战新高潮。

（二）不畏艰险、敢为人先

1964年5月30日，王杰在日记中这样写道：“我们革命战士就要发扬‘火车头’的雷厉风行，说干就干的精神，发扬‘红军不怕远征难，万水千山只等闲’的闯的精神，发挥冲锋陷阵，身先士卒的带头作用。”②王杰认为，只有勇挑重担，知难而进，迎难而上，不畏艰难险阻，敢于攻坚克难，才能锻造成敢为人先、敢于担当、敢夺胜利的“先锋尖兵”。

1965年6月1日，全军装备技术革新交流会在北京开幕，会上展出各类发明创造和改进革新的展品共2724项。此前，全军大力号召大搞训练技术革新，掀起了一股军事训练技术革新热潮。王杰就是大潮中的佼佼者。作为训练先行班班长的王杰夜以继日地革新制作训练器材，大大激发了战士们的练兵热情。王杰在训练学习之余把所有的

---

① 《谱写新时代强军兴军的崭新篇章——习近平主席在解放军和武警部队代表团发表重要讲话引起强烈反响》，《解放军报》2018年3月13日。

②《王杰日记》，人民出版社1965年版，第53页。

时间都用到了搞革新上面，不仅全班战士，全排乃至全连战士都知道身边有个“革新迷”。军事训练是部队的第一要务，王杰将其作为刻苦钻研的重要领域。看到军事杂志上详细介绍了信号雷的构造原理，王杰就开始钻研，一次又一次，最终把信号雷研制成功。经过自己的不懈努力，他先后研制成功了14种地雷。一个又一个的新发明和技术革新，让王杰的“革新迷”称号更加响亮。王杰用孜孜以求、锲而不舍的探索和钻研精神，持之以恒、坚持不懈，最终换来了一次次的革新成果。

王杰自从担任班长后，不言失败、不畏艰险，将自己的革新成果巧妙地运用到实际训练当中，有效提高了战友们的军事素质。一天夜里，王杰率领全班战士来到山林进行布雷训练，他事先在这里用自己研制的各种地雷提前布置好了雷场，随后王杰发出了排雷命令。战士们争先恐后地进入山林，有人绊到了信号雷，一颗红色信号弹腾空而起，此时战士们瞬间意识到了危险性，都小心翼翼地摸索着前行。行进中，一位战士发现了王杰布设的绊发防步兵应用地雷的绊线，正得意地去剪断时，不料连接绊线的橡皮筋突然收缩，地雷“砰”的一声爆炸了。顿时大家明白了这是班长新的革新成果——一种特殊的绊发防步兵地雷，于是大家将注意力都放到了脚下，不料又有战士头部碰到了绊线，再次引爆了地雷；正当大家上下兼顾专注地行进时，又有战士的腰部触碰了绊线，又一次引爆了地雷。就这样，绊线无处不在，处处暗藏玄机，防不胜防，大家完全被王杰设置的“地雷阵”给“炸”蒙了！战友们欢呼起来：“班长真是个‘科学家’！”“‘革新迷’又成功了！”

1964年初，王杰在沂蒙山区国防施工时被分到了最难、最险的爆破组。此时，连队正在开展“百炮不哑”活动，面对湿炮眼有水的施爆难题，王杰大胆创新，提出把药先装在牛皮纸筒里，然后外面用线缠好，再用沥青糊严，而后装进炮眼。王杰的这一想法不仅大大提高了装药效率，还有效保证了施爆的成功率。后来，在这次“百炮不哑”活动中，王杰毫无悬念地获得了“爆破能手”称号。

王杰善于在日常工作中发现难点和创新点。一天，道路坡度测量刚刚结束，王杰深知，夜战是我军的传统战法，那么如何能够精准地测量夜间道路的坡度呢？为了弄清这个问题，王杰把自己关在连队储藏室内苦思冥想，一次次试验，一次次失败，王杰并没有灰心丧气，而是越战越勇，更加坚定了自己研发夜间道路坡度测量仪的决心和信心。一次副班长张钦星刚下哨回来，看到班长王杰没有在床上，就直奔连队储藏室。张钦星轻轻推开门，只见王杰一动不动如雕像一般注视着水平仪，完全没有发现自己推门进来。张钦星被班长的专注所感染，没有忍心打扰班长便轻轻地又把门关上了。功夫不负有心人，王杰在一连几天的潜心钻研下，最终攻克了技术难关，成功研制出了夜间道路坡度测量仪。

王杰善于学习钻研，并将自己的创新观点、革新技术与实际问题有机结合，运用到现实的军事训练和国防施工当中，切实做到了学以致用。就像他在1964年7月25日的日记中写的那样：“学习的整个过程，学习的一切东西，都要从效果出发，着眼于领会和运用，必须切实在‘用’字上下功夫，真正做到学用一致，身体力行。”①

王杰牺牲后，12位民兵之一的李彦清作为王杰壮举的亲身经历

①《王杰日记》，人民出版社1965年版，第23页。

者，心灵受到了强烈震撼。李彦清后来被任命为江苏省邳县张楼公社的代理专武干事，他如获重生，誓做“王杰第二”，将王杰精神在“王杰民兵班”永远传承下去。为了圆满完成民兵地雷班的训练任务，寒风凛冽的三九天，李彦清带领着民兵野外扫土硝、熬火碱、配置炸药。骄阳似火的三伏天，他和民兵们蹲在闷热的房子里绘图和制雷试验。几年下来，在李彦清的带领下，按照王杰“老班长”当年教给的方法，民兵们研制革新出了道路雷、室内雷、水上雷、抛射雷、定向雷、钻心雷、空中开花雷、绊发子母雷、电发连环雷、震发化学雷和反坦克雷等30多种应用地雷，在那个特殊的年代做出了特殊的贡献。生产中，“王杰民兵班”奋勇争先，成绩斐然；水利工程遇到坚硬岩层时，李彦清带领“王杰民兵班”发挥“实爆绝技”，巧妙进行各种爆破作业，顺利解决了各种难题。江苏省邳州市“王杰民兵班”叫响着这样一句口号：来到王杰班，要做武状元！翻开“王杰民兵班”史册，这个班先后涌现出156名爆破能手，135人受到省、市、县表彰。在邳州检查民兵工作的南京军区工作组，盛赞“王杰民兵班”是“武状元的摇篮”。这个班的民兵以王杰为榜样，自觉争做“一不怕苦、二不怕死”精神的践行者。每当新民兵入队，班里做的第一件事，就是组织参观王杰烈士陵园；教的第一首歌，就是《王杰的枪我们扛》；上的第一堂课，就是畅谈做王杰精神的传人、争当训练尖子的决心和打算。为适应未来作战需要，“王杰民兵班”受领试制打伞兵用的空中雷任务，经过连续34次试验，空中雷由最初只能上升100米，到最后升腾到2000多米，且能把4枚手榴弹带到空中引爆。近年来，“王杰民兵班”有30余项训练小发明、小革新被上级认可。半个多世纪过去了，王杰虽然离开了，但王杰的精神在“王杰民兵班”一直延续至今，“一不怕苦、二不怕死”的精神穿越历史，犹如鲜活的血液，在一代代“王杰民兵班”中的每一名民兵战士的血脉中流淌。

天地英雄气，千秋尚凛然。2015年9月2日，习近平总书记在中国人民抗日战争胜利70周年纪念章颁发仪式上的讲话中指出：一个有希望的民族不能没有英雄，一个有前途的国家不能没有先锋。无数英雄先烈是我们民族的脊梁。习近平总书记有着深沉的英雄情怀，他号召全社会都要崇尚英雄，捍卫英雄，学习英雄，关爱英雄。王杰，一个共和国不能忘却的名字，一位伟大的共产主义战士，即使在和平年代，英雄不畏牺牲、英勇无惧、勇往直前的精神也尤为可贵。也正是因为在和平年代，才更要发扬不畏艰险、不怕牺牲的革命英雄主义精神，努力践行“一不怕苦、二不怕死”的王杰精神，争做敢为人先、忠于职守、勇于担当的时代新人。

第四章

“三不伸手”精神

1964年3月3日，王杰在日记中写下：“牢记：在荣誉上不伸手，在待遇上不伸手，在物质上不伸手。”①

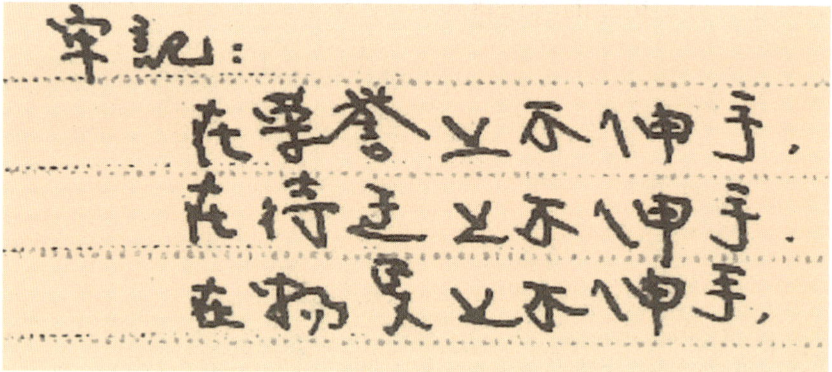

王杰日记手迹

2017年12月13日，习近平总书记在第71集团军视察期间，参观了王杰生前所在连队荣誉室。在介绍王杰正确对待荣誉和进步的展板

①《王杰日记》，人民出版社1965年版，第80页。

前，习近平主席深有感触地说，王杰“在荣誉上不伸手，在待遇上不伸手，在物质上不伸手”，这“三不伸手”是一面镜子，共产党员都要好好照照这面镜子。

以铜为镜，可以正衣冠，以人为镜，可以明得失。“三不伸手”，看似简单的三句话，说起来容易，能够身体力行却并不那么简单。面对名利的诱惑，争先易，知止难。这“三不伸手”是王杰干净无私、永葆本色的具体体现。“三不伸手”的精神理念，折射出的是一名共产党员正确的名利观，我们应以之为镜，时刻严格约束自己的操守和行为，做到三省吾身、严于修身。

一、在荣誉上不伸手

荣誉是对个人或集体工作的充分肯定和莫大鼓舞，也是一种鞭策与激励，正确对待并珍惜荣誉，方能行稳致远。作为领导干部，要树立正确的荣誉观，把获得荣誉的出发点与落脚点都体现在维护最广大人民的根本利益上。王杰同志“在荣誉上不伸手”的价值标准告诉我们：在追逐荣誉时，要扪心自问，是不是从自身的实际出发，是不是从人民的利益出发，是不是从祖国的需要出发。如果把手伸得太长，为了获得所谓的“荣誉”，不顾实际，搞虚假形象，把工作的精力放在做好大喜功的“盆景工程”上，最后将背离初心，丢掉本色。正如习近平总书记对领导干部所提出的要求，“必须加强自律、慎独慎微，经常对照党章检查自己的言行，加强党性修养，陶冶道德情操，永葆共产党人政治本色”。

（一）虚荣的人注视着自己的名字

王杰曾写过这样一篇日记：“虚荣的人注视着自己的名字；光荣

的人注视着祖国的事业！”[①]对于王杰来说，党交给他的每一份任务他都努力高标准地完成，不是为了获得上级的认可嘉奖，而是为了更好地为祖国为人民服务。“祖国”“人民”“党”这些字眼在王杰10万多字的日记中被反复提起，凸显了王杰的价值追求就是以祖国的事业为重，以党和人民的利益为重，以攫取个人利益为耻。

王杰曾经主动放弃了用“欺骗”的方式获得的第一。1963年2月，天还未亮，连队突然响起了一阵急促的哨音。王杰拿好枪支弹药、背上背包，全副武装，第一个到达集合场。副连长高绍忠检查完战士们的装备后，在队前点名表扬了王杰。这本是一件值得高兴的事，可王杰心里十分难受，感觉自己做了一件很羞愧的事情。原来，在头天下午，王杰就从连长到班里检查战备物资的行为中判断出了连队第二天可能要搞紧急集合。于是他提前打好背包，准备好枪支弹药，悄悄地等待集合，这才有了第一的成绩。受到表扬的王杰心里像压着一块大石头一样，闷闷不乐。他主动找到排长赵书彦做了汇报和检讨，承认了自己的错误，还把这件事原原本本地写在了日记里。“这样我争得了第一，回来受到了副连长的表扬。弄虚作假，欺骗领导，这样得到的表扬是不光荣的。我们训练是为了打仗，为了练过硬本领，平时不注意训练，战时就拉不出去，就不能消灭敌人。今后我一定正确对待荣誉问题，做一个无名英雄。”[②]看一个人的品行如何，我们可以看他面对荣誉时的态度，是喜形于色还是淡定从容？是好大喜功还是初心不改？王杰不改初心，他主动承认错误，放弃这本不属

---

①《王杰日记》，人民出版社1965年版，第79页。

②《王杰日记》，人民出版社1965年版，第29页。

于自己的“第一”，保持了在荣誉面前的清醒。

求荣誉而不只为荣誉，惜荣誉切勿只喜荣誉。在荣誉面前，王杰懂得自省与反思，真正的荣誉不是胸前闪闪发光的证章，而是自身的发展和本领的提高。王杰在1964年1月13日写过这样一篇日记：“我们争当五好战士，不是为了一个证章戴在胸前闪闪发光，而是通过五好活动，推动我们的工作。一年来有什么进步，够不够好战士条件，通过检查可以知道优缺点，找出下一步努力的方向，只有这样才能好上加好。”[①]通过检视自己来弥补本领的不足，而不是一味关注荣誉，这使王杰可以以平常心取得更好的成绩。1964年7月，王杰在参加部队打靶评比前的训练中发现自己过于想争先进，思想顾虑重，成绩提升慢。“如果认识不到练兵的目的是为了什么，光考虑评五好，上了靶台心情紧张，你就打不好。……”[②]王杰在日记中分析了自己当时的心态，找到了正确的方向，成绩很快就提高了。王杰充分认识到，作为一名革命战士，训练评比是为了保家卫国，要靠真本领“争荣誉”，小聪明练不成硬本领，假荣誉换不来真功夫。

入党问题曾经困扰了王杰很久。入伍半年王杰就加入了共青团，他是同期入伍新兵的第一批团员，连续多年都是“五好战士”，他还立过两次三等功，虽多次递交入党申请书，却还是个党外人。王杰深知做一名共产党员有无上的光荣，看到他人入党，他产生过疑惑，有过埋怨，甚至产生过“混日子”的想法。悲观情绪与革命思想相互碰撞让王杰久久不能平静，王杰开始用党章对照自己的行为，将自己与战

①《王杰日记》，人民出版社1965年版，第79页。

②《王杰日记》，人民出版社1965年版，第88页。

友们做比较，发现自身还存在许多的缺点和毛病，学习、训练虽然进步比较快，但和一个共产党人的标准还有不小差距。后来他端正地在日记中写下："别人能入党这说明别人条件已经具备，自己还不具备，还有的工作没做到家，自己没入党，不埋怨别人，不埋怨党，是我做得不够，今后加强学习，争取做个党员。"①此后的王杰，减少了荣誉的牵绊，平添了知重负重的勇气。在以后的工作中，王杰虽然对党的渴望更加强烈，但他更关注技术的精益求精，再也没有纠结过入党问题。

王杰在荣誉上不伸手，为新时代的党员干部树立了标杆。以"虚荣的人"为耻，以"光荣的人"为豪，莫把获得"荣誉"当作为官用权干事的出发点，实事求是，干真事、做好事、躬身自省，荣誉面前不伸手、问题面前不退缩，把担当作为放在获取荣誉之上，保持共产党人应有的精气神。

（二）我比雷锋差远了

1963年3月5日，毛主席发出"向雷锋同志学习"的伟大号召。自此，这个普通士兵的名字永远地刻在人们的心头，写满祖国大地。王杰将雷锋事迹和雷锋日记作为自己的行动指南。他曾在日记中写下保证书："学习毛主席的好战士——雷锋，学习他高贵的共产主义道德，坚定的无产阶级立场，忘我的革命精神。学习他处处以党的利益为重，党指到哪里就到哪里，党叫做什么就做什么，在任何工作岗位上，都勤勤恳恳，埋头苦干，有一分热发一分光，专门利人，全心全意地为人民群众。"②他把宣传报纸上雷锋同志的图片剪下来，粘贴在

① 《王杰日记》，人民出版社1965年版，第28页。

② 王杰生前所在部队编：《王杰》，解放军出版社1990年版，第12页。

学习笔记和日记本上，又在日记本上将毛主席为雷锋同志的题词临摹下来，并饱含真情地写道：“我要向黄继光、董存瑞、雷锋、钱正康学习，把自己的青春献给人类最壮丽的事业——共产主义。”[1]王杰以雷锋为榜样，及时发现不足，不断改造自己，一步步向雷锋靠近，最终成为与雷锋齐名的伟大的共产主义战士。

王杰在日记本上粘贴的报纸上雷锋的图片

王杰好事做满一军营。他帮战友们买《毛泽东选集》，教战友孙西朵识字，提早起床挑水扫地，把全班甚至全排同志的洗脸水打好，替战友站岗放哨，寒夜里为战友烤棉衣，住院时把发放的苹果留给病友，行军时把棉被盖在别人身上……他做了数不清的好人好事，是战友眼中的“活雷锋”，受到战友和首长的称赞。

王杰走到哪里便把好事做到哪里，学雷锋早已成为他的习惯。1963年5月，他去徐州市云龙公园参观，帮一位老师傅清理厕所下水道，用手一遍又一遍地掏出堵塞在下水道的污物、杂草，双臂沾满恶臭的污泥，他也不嫌脏，也不说苦，随后还写下了一篇感人肺

① 王杰生前所在部队编：《王杰》，解放军出版社1990年版，第25页。

腑的日记："我愿当一个公园打扫卫生的人，不怕自己劳累，热爱平凡的工作，只要能使别人过得愉快，自己就感到幸福。"[①]他本来要和陈学义去市里看电影，却在途中遇到了丢失钱包的老大爷，两人掏出了所有的钱给大爷买车票，送他上火车。电影看不成了，但二人觉得帮助老大爷坐火车返回家比看一场电影更有意义。战友陈建桐要将他做的好人好事在部队中进行宣传，王杰却叮嘱他不要告诉任何人。王杰认为雷锋出发一千里，好事做了一火车，做好事就应该像雷锋那样，要全心全意为人民服务，绝对不为扬名！这件事情陈建桐直到王杰牺牲后，才告诉了战友们。王杰和战友周友录去书店买书经过天桥，看到建筑工人们拉着装满碎石的平板车艰难爬桥，王杰让周友录先去办事并约好书店会合，自己留下来帮助工人们，这一帮就是一个多小时，累得满头大汗，直到请假时间快到了才离开。

王杰坚持学雷锋、处处做雷锋，把雷锋当作一面镜子。他在日记中33次提到"雷锋"，他说："我一定要做雷锋式的战士，做毛主席的好战士，我要把有限的生命投入到无限的为人民服务中，把可爱的青春，献给祖国，献给人类最壮丽的事业。"[②]但每当大家夸赞他是"活雷锋"时，他总是说："我比雷锋差远了。"[③]

一名革命者、一名共产党员必须时时刻刻检视自己在想什么，

---

① 王杰生前所在部队编：《王杰》，解放军出版社1990年版，第19页。

②《王杰日记》，人民出版社1965年版，第45—46页。

③ 韩义祥：《100位新中国成立以来感动中国人物　王杰》，吉林文史出版社2012年版，第43页。

在追求什么，自己所想的和自己所追求的是不是全心全意为人民服务，能不能给人们创造幸福。王杰将雷锋引为自己的榜样，从而照亮自己前行的路，鞭策自己不断进步，以崇高的品格树立了道德的丰碑。王杰是“真雷锋”，他却时刻提醒自己“我比雷锋差远了”，体现了王杰谦虚的态度。服务人民抢着干，赞誉嘉奖淡点看，这才是建功立业的基础。王杰在荣誉上不伸手告诫我们，面对取得的成绩与荣誉，面对人民的赞誉与信任，我们更应时刻保持自省自知和谦虚谨慎的内心操守，摆正自己的位置，一切为了人民，一切依靠人民，树立一心为民的意识，对标先进，提高自我净化、自我提升的能力，真正做到荣誉面前安如山，做好人民的勤务员。

二、在待遇上不伸手

随着年龄的增长、职位的变化，如何面对待遇问题，反映着一名共产党员的价值取向。在待遇面前不伸手就是要求我们永远保持党员本色，率先垂范、身体力行，无论是年龄增长还是职务提升，都要保持优良作风，吃苦耐劳、无私奉献、舍小家为大家，自觉引导广大民众为实现共产主义理想而奋斗。作为一名革命战士，王杰在面对自己入伍多年应该享有的诸多待遇问题上是如何思考的呢？他在日记中写道：“人随着年龄的增长，想的东西也就随之增多。如探家、爱情、级别、复员回家等问题。我们是毛泽东时代的战士，是生活在幸福的国家里，我们有一定的政治觉悟，我们是保卫祖国的领土的。……革命前辈南征北战，爬雪山过草地，他们经历了千辛万苦，流血牺牲，他们多少年没有和父母、妻子儿女团圆……难道我们还有什么个人利益不能牺牲……”[①]军人是保家卫国的，幸福生活是先辈们流血牺牲换来的，王杰深深地懂得这一点，所以他甘于吃苦，乐于奉献，真正做到了在待遇上不伸手。

（一）吃苦在前，享受在后

任何精神并非一朝一夕养成的，而是来自长久而持续的行动积累，王杰“在待遇上不伸手”的价值标准也是如此。当王杰还上初中时，学校为每个班级配了木桶、菜桶和一个馍箱用来盛饭，以此方便学生们的生活。当时，王杰的班级离伙房有一里多远，来回路上都是土路，一旦刮风下雨，路上很是泥泞。同学们一日三餐，每天往返3000多米抬饭，特别是木桶盛上汤水后有70多斤重，这对男同学来讲还可以完成，可对女同学来说并不是一件容易的事情。王杰所在班女生有48人，男生就4人，怎么抬饭成了一个问题。在班级里，王杰因为诚实淳朴，乐于助人，深得师生的喜爱与拥护，被大家推选为生活委员，他主动向班主任张家骥提出申请，带领其他3个男生承包全班的抬饭任务，这一抬就是整整一年。

我们都知道部队进行野外训练是很辛苦的，很多战士训练完可能动都不想动，更不用说帮别人做点什么了。在一天结束70余里行军训练，到宿营地后，战士们打扫卫生，整理床铺，准备休息。王杰却没有休息，他又跑到伙房挑水刷盆，他认为炊事员和部队一起行军，宿营后不能休息，马上烧火做饭，是很辛苦的，于是就帮助他们做些工作，减轻他们的疲劳。之后他在日记中写道：“毛主席说：吃苦在前，享受在后，拣重担子挑。今后我一定做到，宁肯自己辛苦，换来别人

①《王杰日记》，人民出版社1965年版，第27页。

幸福。”[1]王杰时刻谨记毛主席教诲，“吃苦在前，享受在后”。自己累了需要休息，但他又想到的是无法休息的炊事员，想到的是如何减轻他人负担，他用行动和真情践行甘于吃苦、乐于奉献的优良作风。

1964年，部队里发放解放鞋，老同志都是一双深口的，新同志都是浅口的。对施工来说，深口的优越性大些，进出工地作业不易碰伤，所以新同志都想穿双深口的。新兵小胡看到老战士的深口鞋，自己也想要一双。王杰知道后纠结要不要跟小胡换。换了，进行作业容易碰伤自己。不换，小胡碰伤了怎么办?是自己吃苦呢，还是让别人吃苦呢?王杰想到毛主席说过：我们的干部要关心每一个战士，一切革命队伍的人都要互相关心，互相爱护，互相帮助。于是他就把深口鞋换给了小胡。这体现了他作为一名老战士、一名“干部”在待遇面前主动退让的作风。

平日里，王杰习惯早早起床，帮全班把水挑好，打好洗脸水，就是为了让战士们多休息一会儿；在野外训练时，因为条件比较艰苦，王杰就会把好的铺位让给战友睡，自己睡最差的铺位；连队里的脏活累活他总是抢着干；寒夜架桥训练，班长患了严重的感冒，他主动帮班长站岗；劳累的工作结束后，大家都想好好休息，王杰常常站完自己一班岗还要替战友站，有时会替大家站一夜的岗。一年冬天，王杰所在部队外出执行铺路建设任务，为了让公路早些通车，战士们夜以继日地工作，在风雪中奋斗了一整天的战友们的棉衣都被雨雪浸透了。停工后，全班战士在火堆周围用木棍垒成架子，将湿衣服搭在木架上就回营房休息了。王杰刚准备休息，突然想到在火堆旁烘烤的棉衣需要有人照看，于是马上起身来到了火堆旁，将衣服交替拿来烘

①《王杰日记》，人民出版社1965年版，第84页。

烤。直到凌晨3点多钟，王杰才将全班的衣服全部烤干。他将烤好的棉衣带回营房，将它们一件件盖在战士们的被子上，才上床休息。王杰工作不怕苦不怕累，处处想到的是别人，这些事情战友们都看在眼里，记在心上，王杰成为战友们学习的榜样。

入伍第四年，王杰成为工兵营一连五班班长，他义不容辞地把照顾战友的责任扛在自己肩上。野外拉练时，他帮助战友背枪，全班三天的口粮，他一个人背上一大半。据战友陈建桐回忆：夏天行军前，班长王杰吃过早饭后会一碗接着一碗地喝水把自己“灌饱”，因为行军途中如果有战友的水壶喝干了，他就可以把自己的一壶水让给战友，陈建桐就不止一次地喝过王杰水壶里的水。王杰关心他人比关心自己更多，爱护他人胜过爱护自己；把安逸让给别人，把困难留给自己，把个人价值体现在奉献之中。“比享受，使人意志衰退；比贡献，使人奋发图强。”①这是王杰1964年5月24日写下的日记。王杰督促自己干好工作的标准就是能做到吃苦在前，享受在后；就应该少考虑些待遇的优劣，在贡献中实现价值。

习近平总书记指出：“今天，衡量一名共产党员、一名领导干部是否具有共产主义远大理想，是有客观标准的，那就要看他能否坚持全心全意为人民服务的根本宗旨，能否吃苦在前、享受在后，能否勤奋工作、廉洁奉公，能否为理想而奋不顾身去拼搏、去奋斗、去献出自己的全部精力乃至生命。”②吃苦在前，享受在后，其实质和核心是

---

① 王杰生前所在部队编：《王杰》，解放军出版社1990年版，第70页。

② 中共中央文献研究室编：《十八大以来重要文献选编》（上），中央文献出版社2014年版，第116页。

为了人民的事业无私奉献。作为新时代党员干部、新时代的建设者，要把工作的重点放在为党尽责、为民造福上，在解决国家和人民面临的问题面前，重吃苦，轻享受，保持永不停止的干劲热情，拿出甘于奉献的精神底气，干出一番成绩，成就一番事业。

（二）超期服役，四次让假

1964年7月，王杰服役即将期满。而此时中苏交恶，面对美帝对越南的侵略，国家做出抗美援越的决定。国际形势动荡，国内形势紧张，王杰毅然选择超期服役，随时听从党的号召，支援前线、保家卫国。不久，王杰和一批战友超期服役的申请得到上级批准。7月28日，王杰在日记中这样写道：“什么是理想，革命到底就是理想。什么是前途，革命事业就是前途。”[①]之后又写道：“延长服役年限，这是国家根据需要而规定的，也是为了加强国防力量，加强军队建设，保卫祖国，保卫社会主义建设，保卫世界和平而提出来的。我坚决拥护这一规定，消除各种个人思想，树立全心全意为中国人民、为世界人民服务的思想。根据祖国需要，要安心部队工作，叫干几年就干几年，坚决把自己的力量献给部队的建设。”[②]

为了革命，王杰可以牺牲个人幸福。他曾三次推迟婚期，四次让出探亲假。王杰有青梅竹马的未婚妻，两人说好在其复员后完婚，超期服役的决定破坏了原本的约定。未婚妻赵英玲来信催婚，姐姐以母亲心脏不好为由逼王杰赶紧回家结婚。王杰回阿荣旗探亲时，家人甚至为他准备好了婚房。王杰却坚持不因个人的事情而影响党的事业。

---

① 王杰生前所在部队编：《王杰》，解放军出版社1990年版，第80页。

②《王杰日记》，人民出版社1965年版，第27—28页。

王杰和未婚妻的合影

王杰的父母早在1958年就移居到内蒙古阿荣旗生活，1965年开春，连队干部安排老战士回家探亲，首先就想到了王杰，而此时，王杰已与父母分别了将近七年。没想到王杰却以“训练刚开始，作为先行班不能受私事影响”为由拒绝了。3月份，连队又安排他回家探亲，王杰又因为师里组织班长集训再次推迟了探亲假。4月份，部队要外出参加生产劳动，首长催促王杰利用这次非军事行动的间隙回家探亲，他却把这次机会让给了父亲病危的六班班长韩义祥。虽然连里多次安排王杰回家探亲，但为了国防事业，为了连里的战友，在探亲待遇问题上王杰一次又一次主动退让。被感动的连长承诺，待韩义祥回来后，一定要让王杰完成这个探亲任务。但王杰又因为代表工兵营到军区汇报演出，再次推迟了探亲假。直到王杰的母亲心脏病复发，连长刘德林亲自安排为他偷偷买好了火车票，准备好了粮票和通行证，王杰这才踏上了回家探亲的路。王杰以自己的模范行动展现出一名普通战士如何在平凡的岗位上实现对个人待遇的轻视、对国家事业的忠诚、对共产主义的执着。

王杰的行为让我们从这个普通士兵身上寻找到“为谁活着，怎么面对待遇”的人生答案，那就是无论什么时候都要关爱他人，为人民群众的利益而战斗不息，为党和人民做贡献。时代孕育出雷锋、王杰等一大批优秀的模范共产党员：舍己为民的爱民模范欧阳海；为抢救6名少年拦截惊马而英勇牺牲的刘英俊；拼命拿下大油田的铁人王进喜；抵得上五个海军陆战师，放弃美国优厚待遇，虽困难重重却毅然回国的钱学森。无数模范党员用实际行动表明，一名合格的共产党员在既得待遇面前要始终保持“不伸手”的精神状态，把创造幸福和享受幸福结合起来，并把创造幸福作为前提。

三、在物质上不伸手

（一）做一个艰苦朴素的革命战士

物质享受能不能成为衡量幸福快乐的尺度？对于这一问题，王杰的答案体现在他的一篇日记中。1963年4月14日，王杰在看完电影《南京路上好八连》后写下这样的感想：“《南京路上好八连》对我影响更大，看后使我的心不能平静。‘南京路上好八连’是住在中国最大的城市上海的连队。在那繁荣的大上海，吃的、穿的、用的东西无不俱全，样品繁多，各式各样。可是南京路上的好八连他们衣服破了自己补，袜子自己缝。一个衬衣补了30多个补丁还穿着，一个盆子修修补补用了十年，他们为什么不买新的，没有钱吗?不是的，他们月月都把津贴的90%存入银行或寄往家中，每月平均每人只花6角钱。他们发扬了革命的老传统，发扬了艰苦朴素的好作风。”[1]由此可见，王杰所认为的幸福与物质享受关系不大。当时物质生活虽然十分简朴，王杰却充满了精神上的幸福感，因为他把幸福和优良作风相结

---

①《伟大的共产主义战士王杰　日记选（手迹版）》，装甲第二旅政治部，第76页。

合，与革命传统相结合，更与为他人创造幸福相结合，以人民幸福为自己最大幸福，以人民快乐为自己最大快乐。王杰对物质的要求极低，他牺牲后，战友们为他准备后事时发现，他没有一身好军装，所有衣服都已被磨破打上了补丁。

王杰步入军营后，曾立下誓言："做到一不吸烟，二不喝酒，三不买箱子、买便衣、买凉鞋，做一个艰苦朴素的革命战士。"[①]他用艰苦朴素、乐于助人的生活诠释了"在物质上不伸手"的意义。王杰在部队里生活方面非常俭朴，每月津贴仅花一元左右，但是，在帮同志学习进步方面毫不吝啬。1963年，连队来了新战士，王杰想：革命战士就要发扬火车头的精神，不仅自己跑得快，还要带动车厢的人一起跑！我不能只顾自己学习，要带领新战友一起进步。于是，王杰决定送给新战友每人一本毛主席著作。他揣着所有积蓄委托前来探亲的同乡，从家乡购买了20本《毛泽东选集》。这份"大礼"，让王杰花费了积攒许久的"巨资"。平日里，王杰见到牙膏皮都会捡起来，交给废品收购站。他用具体行动带动着身边的战友养成勤俭节约的好习惯，一次在两个多月的野营训练中，王杰将捡来的牙膏皮收集到布袋里，放在他的枪和子弹袋下面，打扫卫生时战友们发现了王杰的小布袋，战友东庆明很是不解，对一起入伍的陈建桐说："咱们班长真小气，这么脏的东西还要拾回来！"想不到这话正好被王杰听见，王杰就细细地跟他俩算了一笔账："一个牙膏皮，虽然只值三分钱，如果每个人都注意搜集起来，交给国家，咱们的社会主义建设就多了一份原料；换来的钱，可以给连里买些学习资料。更重要的是，还能养

①《王杰日记》，人民出版社1965年版，第93页。

成咱们勤俭节约、艰苦朴素的好作风啊！”[①]从此，战友们见了牙膏皮也注意收集起来，交给班长换购学习和生活资料，自觉发扬艰苦奋斗、节约资源的优良作风。

（二）生活上向水平最低的同志看齐

1964年7月3日在军营里，王杰写下日记：“我一定牢记雷锋同志的话：‘在工作上，要向积极性最高的同志看齐；在生活上，要向水平最低的同志看齐。’”[②]当看到新战士陈建桐将有两个破窟窿的袜子扔掉时，王杰就教育小陈说，这双袜子补补不是一样穿嘛，说着便从挎包里拿出针线，在小陈旁边坐下，开始动手缝补袜子。他一边补一边给小陈讲：“毛主席在延安时穿的棉衣，破了补，再破了再补，一直穿了好几年。警卫员见毛主席的棉衣这么破了，实在过意不去，就要到后勤部给主席调换一件新棉衣。主席不同意，坚持还要穿那件破了的棉衣。毛主席是我们党的领袖，都这么勤俭节约，这么朴素。我们作为解放军战士更不能丢掉了这一光荣传统啊！”[③]王杰用实际行动为新战士树立了艰苦朴素的榜样。

作为一名共产主义战士，一个有着内心操守的共产党员，王杰深知祖国建设事业容不得物质享乐，他认为：“一个人吃好穿好不算幸福，只有天下穷苦的人都过上美好的生活，才是真正的幸福。如果一个人对自己的吃穿太讲究，日子长了，就会忘本，就会脱离群众，就

---

① 汪林编著：《英雄模范共产党员故事汇　王杰》，青海人民出版社2021年版，第147页。

② 王杰生前所在部队编：《王杰》，解放军出版社1990年版，第75页。

③ 汪林编著：《英雄模范共产党员故事汇　王杰》，青海人民出版社2021年版，第146页。

会慢慢地失掉革命的劲头。”[①]当代共产党人应该以王杰为榜样，充分认识到“奢靡之始，危亡之渐”。

我们党经过艰苦卓绝的革命斗争建立了人民政权，中国共产党要实现长期执政，就必须永葆革命本色，自觉抵制物质诱惑，以广大人民的根本利益为重。习近平总书记在中央纪委十八届二次全会上讲到，要坚决反对讲排场比阔气，坚决抵制享乐主义和奢靡之风，“如果不坚决纠正不良风气，任其发展下去，就会像一座无形的墙把我们党和人民群众隔开，我们党就会失去根基、失去血脉、失去力量”。

王杰艰苦朴素、奋发有为，“在物质上不伸手”的精神，是一种境界，一种操守，一种本色，一种共产党人的信仰，深深地影响着身边的每一个人。

王杰牺牲后，他的父亲曾写信给他的战友们：“王杰虽然牺牲了，我认为是光荣的，应该这样做，这是党和毛主席他老人家教育的结果，我一定把悲痛化为力量，更好地劳动，不给党和国家找麻烦，不用政府照顾我。”[②]这位伟大的父亲也选择了像儿子王杰一样“在物质上不伸手”，不给党和国家添麻烦。同时，为了照顾王杰的未婚妻赵英玲，当地的部门给她安排了一份农场的工作，也被她拒绝了，她表示：我去部队看王杰时，他一双小号军鞋都不会给我多领，现在你们这样的安排我不能要，王杰也不会同意的！

用“不伸手”养浩然正气。今天，中华民族已经实现了从站

---

①《王杰日记》，人民出版社1965年版，第42页。

② 韩义祥：《100位新中国成立以来感动中国人物 王杰》，吉林文史出版社2012年版，第94页。

起来到富起来的伟大飞跃，在这样一个和平和物质充裕的时代，共产党人必须保持头脑清醒：贪图享受，追求利益，损害的是党的形象和声誉，动摇的是党的执政根基。时代在进步，社会在发展，不管国家多么富强，人民多么富裕，日子多么富有，任何时候都不能低估了个人享乐主义的危害，它与全心全意的服务宗旨是格格不入的，有悖于与人民群众紧密联系的优良作风，我们必须旗帜鲜明地加以克服和坚决反对。正如王杰在沂蒙山区施工时写的那样：“一滴油、一个螺丝钉、一寸导火索、一两炸药都是国家的财产，都是人民的财产……勤俭节约是要经常的，像人洗脸一样。”①用“勤俭节约”之水常洗洗脸，清白做官，廉洁为民，用“在物质上不伸手”的镜子常照照自己，自省律己，慎独慎行。已有的成就是靠勤俭节约、风清气正、凝聚民心取得的，未来的辉煌也要依靠勤俭节约、风清气正、凝聚民心去创造。

目前，我国已向社会主义现代化国家迈进，人民生活显著改善，广大党员干部不可避免地面临欲望的诱惑或多元价值观的冲击，无论从事何种工作，处于哪个职级，荣誉、待遇、物质，这些问题是每个人迟早都要面对的现实、都要经历的考验。“不矜细行，终累大德。”身为党员领导干部，就要用好“三不伸手”这面镜子，对照自己，改进自己，提高自己，做到“荣誉上考虑少一点，实干的态度多一点；待遇上要求少一点，奉献的精神多一点；物质上追逐少一点，朴素的境界多一点”。创新实干，自律有为，廉洁担当，回报祖国，服务人民。

---

①《王杰日记》，人民出版社1965年版，第43页。

第五章

王杰精神的历史地位与时代价值

2017年12月13日，习近平总书记在徐州视察王杰生前所在连时指出："王杰精神过去是、现在是、将来永远是我们的宝贵精神财富，要学习践行王杰精神，让王杰精神绽放新的时代光芒。"[①]这句话深刻地揭示了王杰精神的历史地位和时代价值。王杰精神历经半个多世纪，依然具有宝贵的时代价值，成为一座跨越时代的精神灯塔。这中间有无数的英雄模范人物在传承、践行着王杰精神，他们用实际行动诠释着王杰精神，彰显着信念的伟力，树立了时代精神的新标杆。现如今，中国特色社会主义进入了新时代，伟大的时代需要伟大的精神支撑，伟大的征程需要伟大的榜样引领。而王杰是永远的榜样，王杰精神是时代的航标。新时代，我们要大力弘扬王杰精神，为国家、为社会培育更多符合时代潮流、贴近社会发展的好干部，助力中华民族伟大复兴的中国梦的实现。

①《深入学习贯彻党的十九大精神　全力推进新时代练兵备战工作》,《解放军报》2017年12月15日。

一、中华民族精神与红色革命精神的时代结晶

毫无疑问，王杰精神是与王杰个体密切相关的，是以王杰的生平事迹为载体，以王杰个人名字命名的。但是，王杰精神从本质上而言又不能简单地等同于王杰个人或王杰的生平事迹，它已经远远超出了王杰的个体意义。它是中华民族精神的时代体现，是红色革命精神的时代体现，是中国共产党在带领中国人民进行社会主义实践的伟大征程中所表现出来的民族精神和革命精神。

从精神源流上来看，王杰精神根植于中华优秀传统文化和民族精神的热土之中，是在王杰主体意识自觉的基础上，在中国共产党优良传统的教育和熏陶之下，在毛泽东思想的光辉照耀之下，在社会主义革命和建设的实践磨砺中逐步形成的。

（一）中华民族精神的延续

中华民族有着5000多年的灿烂文明，在悠久的历史长河中，创造了广博深厚、灿烂辉煌的以爱国主义为核心的“团结统一、爱好和平、勤劳勇敢、自强不息”的伟大民族精神。这些精神品质是中华民族的精神基因，潜移默化地影响着每一个中国人的思维方式和行为方式。在中华民族精神的影响下，20世纪五六十年代，我国产生了许多的英雄模范人物，例如欧阳海、雷锋、焦裕禄、向秀丽、王进喜等，王杰就是其中的一位。王杰精神中无限忠诚、为党为民的“一心为革命”精神，血性担当、无畏牺牲的“两不怕”精神，干净无私、永葆本色的“三不伸手”精神等内容，无不闪耀着民族精神的光芒。没有中华优秀传统文化和中华民族精神的哺育和滋养，王杰精神就会成为无源之水、无本之木，也不可能成为中华民族的价值标杆。中华优秀传统

文化和民族精神为王杰精神的形成铺上了鲜亮的底色，奠定了文化底蕴和精神根基。王杰精神成为中华优秀传统文化和民族精神的一部分，是中华优秀传统文化和民族精神的延伸和发展。

爱国主义精神是中华民族精神的核心，是中华民族团结统一的精神纽带。2013年10月21日，习近平总书记在欧美同学会成立100周年庆祝大会上强调："在中华民族几千年绵延发展的历史长河中，爱国主义始终是激昂的主旋律，始终是激励我国各族人民自强不息的强大力量。"[①]2018年5月2日，习近平总书记在北京大学师生座谈会上的讲话指出："爱国，是人世间最深层、最持久的情感，是一个人立德之源、立功之本。"他进一步指出："爱国，不能停留在口号上，而是要把自己的理想同祖国的前途、把自己的人生同民族的命运紧密联系在一起，扎根人民，奉献国家。"[②]中华民族素以爱国为荣，世世代代的中国人民致力于民族兴旺、国家富强、人民幸福，更是留下了无数的爱国事迹激励着仁人志士前仆后继，精忠报国，写下了中华民族爱国主义精神的辉煌篇章。爱国是王杰精神的重要内涵，"一心为革命"、忠于祖国、热爱人民是王杰精神最深沉的表达。王杰从小就喜欢听民族英雄和革命烈士的故事，他们为国为民的爱国主义精神深深影响着王杰。王杰深知自己的成长离不开党和国家的培养，他怀着"一心为革命"的坚定理想信念，对党有无限的忠诚、对祖国有炽热情怀、对社会主义有真挚信念，自觉地将个人命运和前途与党和国家

---

①《习近平在欧美同学会成立100周年庆祝大会上的讲话》，《人民日报》2013年10月21日。

②《习近平在北京大学师生座谈会上的讲话》，《人民日报》2018年5月3日。

的事业紧密联系在一起，把对祖国和人民的深沉挚爱，融入“一心为革命”和“永远跟党走”中去，融入“党叫干啥就干啥”和“人休息了，思想可不能休息”中去，融入“血书请战”和“胸怀祖国，放眼世界”中去，融入推进社会主义建设轰轰烈烈的潮流中去。王杰以实际行动把自己“有限的生命投入到无限的为人民服务中，把可爱的青春，献给祖国，献给人类最壮丽的事业”[①]。今天，学习王杰精神，就要学习他为国为民的情怀，学习他对党对人民事业的真挚热爱，从而化作我们积极工作、奋力前进的强大动力，为中国特色社会主义事业添砖加瓦。

民族团结和国家统一，始终是中华民族历史的主流。中华优秀传统文化主张与人为善，团结统一。孟子曰：“天时不如地利，地利不如人和。”荀子曰：“民齐者强。”《孙子兵法》曰：“上下同欲者胜。”《北史·吐谷浑传》曰：“单则易折，众则难摧。”中华民族在中华优秀传统文化的熏陶之下，逐步形成了凝聚着全民族的向心力和凝聚力的团结统一、爱好和平的精神。毛泽东说：“国家的统一，人民的团结，国内各民族的团结，这是我们的事业必定要胜利的基本保证。”[②]习近平总书记曾强调：“一个手掌，摊开是‘多个指头’，握紧是‘一个拳头’。”“只有靠‘众人拾柴’和‘三个臭皮匠’之力，靠大家帮衬，工作才能做好。”[③]王杰在日记中写道：“一个战士的力量

---

① 王杰生前所在部队编：《王杰》，解放军出版社1990年版，第10页。

②《毛泽东选集》第5卷，人民出版社1977年版，第363页。

③ 习近平：《打好“团结牌”》，《之江新语》，浙江人民出版社2007年版，第21页。

是有限的，可是千百个战士团结起来，就成为无坚不摧的力量。”[①]在工作和生活中，王杰团结同学，团结战友，团结一切可以团结的力量，团结起来共同进步、共渡难关。因为他知道只有团结才有无坚不摧的力量，只有团结才有战胜一切困难的信心和勇气。王杰精神中所体现的团结精神，也是我们在实现中华民族伟大复兴的中国梦的征程中所需要的。只有我们团结统一，众志成城为实现梦想而奋斗，实现梦想的力量才会无坚不摧。

勤劳是中华民族的优秀品德，勇敢是中华民族的钢铁脊梁。“中华民族历来以勤劳勇敢、不畏艰苦著称于世。”[②]五千多年的漫长历史发展进程中，中华民族经历千难万阻，历尽悲欢荣辱，不畏艰险、勇于攀登、艰苦奋斗、不屈不挠，在此过程中勤劳勇敢的精神深深融入中华民族的血脉之中，逐渐沉淀为一种强大的民族精神。中国共产党是新中国的缔造者和开拓者，更是勤劳勇敢精神的继承者和弘扬者，在社会主义革命和建设进程中，与时俱进，开拓创新，不断丰富和发展着这一民族精神。毛泽东在党的七大上用“愚公移山”的精神教育全党和全国人民。邓小平也曾强调说：“我们的人民勤劳勇敢，坚韧不拔……”[③]习近平总书记也一再提及“功崇惟志，业广惟勤”“民生在勤，勤则不匮”。中华民族勤劳勇敢的精神在王杰身上得到了充分的体现。他不止一次地表达过这样的心愿：一心一意做人民的勤务员，做

① 王杰生前所在部队编：《王杰》，解放军出版社1990年，第44页。

② 胡锦涛：《坚持发扬艰苦奋斗的优良作风　努力实现全面建设小康社会的宏伟目标》，《求是》2003年第1期。

③ 邓小平：《在中国文学艺术工作者第四次代表大会上的祝词（一九七九年十月三十日）》，《文艺理论与批评》1979年第4期。

革命的“老黄牛”。他勤于学习：施工休息时、起床后、睡觉前、假期里、休息日坚持读书，没有书就跨海买书、借别人的书，受伤了也坚持读书写笔记，直到牺牲的前一夜仍然在坚持学习《矛盾论》。他勤于工作：打桩架桥别人干一班他会干两班，施工时别人扛一袋沙袋他扛两袋；别人休息了，他去检查战备物资，去修改训练教案；右手受伤了他坚持用左手劳动等。他还勤于服务别人：碰见行走困难的大娘，他会送回家，别人拉车子吃力，他会帮忙推一把，同时他还帮助战友们理发、背战备物资、打洗脸水、烤棉衣等，直到牺牲的前一夜他还在帮战友站岗，他不放过任何一个为别人服务的机会。“闲不住”也成为他生活的一种常态。敢于斗争、勇于牺牲是王杰的高尚品质，他总是挑最苦的担子，干最危险的工作。也正如他在日记中写的“为革命敢于牺牲”“为了党，我不怕进刀山入火海”。冬训中，王杰带头跳进寒透肌骨的水里打桩架桥；施工时，又是他第一个冲上去抢救被山洪卷走的物资；爬高空、钻猫洞进行爆破，也总是他担着风险，抢先去装药、放炮。哪里有危急险重的任务，王杰总是第一个挺身而出，勇敢地冲在最前面。从王杰的勤劳勇敢的一生，我们看到的是王杰无私奉献的为民情怀，不怕苦不怕死的仁义担当。在实现中华民族伟大复兴的中国梦的征途中，我们需要这种精神，要努力拼搏走好新时代的长征路。

（二）红色革命精神的折射

2021年2月，在党史学习教育动员会上，习近平总书记强调指出，在一百年的非凡奋斗历程中，一代又一代中国共产党人顽强拼搏、不懈奋斗，涌现了一大批视死如归的革命烈士、一大批顽强奋斗的英雄人物、一大批忘我奉献的先进模范，形成了一系列伟大精神，构筑起了中国共产党人的精神谱系，为我们立党兴党强党提供了丰厚滋养。在中国共产党的辉煌历史进程中，无数的共产党人用生命和鲜血铸就了很多可歌可泣的红色革命精神，比如红船精神、井冈山精神、长征精神、西柏坡精神、北大荒精神、“两弹一星”精神、沂蒙精神、雷锋精神、焦裕禄精神等。每种精神都一脉相承地坚守着党的伟大精神的固有“内核”和不变“基因”，表现为：坚定的理想信念、不怕流血牺牲的大无畏精神、艰苦奋斗的乐观主义精神、勇于战斗和无坚不摧的革命英雄主义精神、无私奉献的为民服务情怀、敢为人先的创新精神、团结互助的集体主义精神、清正廉洁的革命自律精神等。而这些精神品格与属性，也在王杰精神中得到了集中表现。

“一心为革命”是王杰精神的思想基础，它是一种坚定的理想信念、崇高的精神追求，饱含着对党、对人民的无限忠诚。中国共产党自诞生之日起就把实现共产主义确定为远大理想。习近平总书记指出：“对马克思主义的信仰，对社会主义和共产主义的信念，是共产党人的政治灵魂，是共产党人经受住任何考验的精神支柱。”[①]在理想信念的引领下，中国共产党带领中国人民推翻“三座大山”、医治战争创伤、发展国民经济，创造了一个又一个辉煌。在这个过程中，无数先烈留下了“砍头不要紧，只要主义真”“敌人只能砍下我们的头颅，决不能动摇我们的信仰”“为共产主义事业奋斗终身”这些视死如归、大义凛然的誓言。“理想

① 习近平：《紧紧围绕坚持和发展中国特色社会主义　学习宣传贯彻党的十八大精神》，《人民日报》2012年11月19日。

之光不灭，信念之光不灭。”王杰铭记革命先烈的遗愿，不忘他们为了民族振兴、国家独立、人民幸福而流血牺牲的壮举。王杰继承他们的遗志，坚定共产主义理想信念，在这种崇高信仰和品质的激励下超期服役、三次推迟婚期、四次让出探亲假、十四次提出入党申请，时时以一个共产党员的标准要求自己，处处按照党章的规范对照自己的思想、动机。正如他在日记中所说：“什么是前途，革命事业就是前途。什么是幸福，为人民服务就是幸福。”“党指到哪里就冲向哪里，就是需要献上青春也没怨言。”最终，王杰用23岁的生命诠释了“一心为革命”的坚定信念。王杰是坚定理想信念的典范，他对共产主义的信仰，是我们每一个共产党员应当具备的崇高品质。新时代的党员干部更应该自觉坚守“一心为革命”的理想信念，补足精神之“钙”，练就“金刚不坏之身”，筑牢“安身立命之本”，“不忘初心，继续前行”，最终实现中华民族伟大复兴的中国梦。

“一不怕苦、二不怕死”是王杰精神的核心，浓缩了王杰精神的精华，是一种艰苦奋斗的乐观主义精神、不怕流血牺牲的大无畏精神、敢于斗争的英雄主义精神。

艰苦奋斗、勤俭节约、自强不息是共产党经过长期不懈努力而形成的优良传统，是中国共产党的政治本色。中国共产党的历史正是一部艰苦奋斗的历史。在半殖民地半封建社会的艰苦岁月里，中国共产党人带领中国人民取得了新民主主义革命的胜利。新中国成立前夕，毛泽东同志号召全党：“夺取全国胜利，这只是万里长征走完了第一步。……中国的革命是伟大的，但革命以后的路程更长，工作更伟大，更艰苦。……务必使同志们继续地保持谦虚、谨慎、不骄、不躁的作风，务必使同志们继续地保持艰苦奋斗的作风。”[①]在毛泽东的号召下，中国共产党带领中国人民用自己勤劳的双手、善于担当的智慧，发扬艰苦奋斗的乐观主义精神，度过了困难时期，实现了社会主义革命和建设的胜利，取得了辉煌成就。王杰在革命实践中自觉培养艰苦奋斗的作风。他在日记中写道：“干革命是要吃苦的。革命的道路是崎岖不平，而又艰难险阻的。”[②]“不怕工作苦和累，愿把青春献人民。”[③]在艰苦的冬训中，他“誓与北风比高低”[④]；在危险的施工中，他“不怕北风吹，不怕雪花飘”[⑤]。王杰在艰苦奋斗的工作、学习、生活中，模范地践行勤俭节约的精神。他从一个牙膏皮、一滴油、一寸导火索、一两炸药入手，点滴积累，支援国家建设。王杰艰苦奋斗、勤俭节约的行为，让我们看到了王杰迎难而上、不怕吃苦的品格和坚韧不拔、战天斗地的精神。今天，进入新时代的中国物质经济条件得到了长足的发展。习近平总书记仍叮嘱我们：“艰苦奋斗、勤俭节约，不仅是我们一路走来、发展壮大的重要保证，也是我们继往开来、再创辉煌的重要保证。”[⑥]

不怕流血牺牲、勇于对敌斗争，是我们战胜困难、克敌制胜的

---

① 毛泽东：《毛泽东选集》第4卷，人民出版社1991年版，第1438—1439页。

② 王杰生前所在部队编：《王杰》，解放军出版社1990年版，第56页。

③ 王杰生前所在部队编：《王杰》，解放军出版社1990年版，第56页。

④ 王杰生前所在部队编：《王杰》，解放军出版社1990年版，第6页。

⑤ 王杰生前所在部队编：《王杰》，解放军出版社1990年版，第47页。

⑥ 摘自习近平总书记2019年3月5日参加十三届全国人大二次会议内蒙古代表团审议时的重要讲话。

重要法宝，也是我党的优良传统和宝贵精神财富。新民主主义革命时期，中国共产党经历了千百次浴血战斗，成千上万的革命先烈以“不惜唯我身先死”的大无畏精神以身赴死，才赢得了国家的独立。中共七大闭幕会上，毛泽东提出了“下定决心，不怕牺牲，排除万难，去争取胜利”[①]的奋斗宣言，激励广大党员干部和人民群众不怕牺牲、继续奋斗。新中国成立后，无数英雄模范人物继续发扬不怕吃苦、不怕牺牲的精神，投入轰轰烈烈的社会主义革命和建设中去，王杰就是其中的一员。他在日记中说：“为革命胜利勇于牺牲。……做革命军人岂能管个人安危。”[②]哪里有困难，哪里最危险，哪里就有王杰：爆破中，他冒着生命危险装药、放炮，排除哑雷；救灾中，他第一个冲上去，冒着被洪水冲走的危险，保护人民的财产安全；山洪暴发，又是他第一个抢先去抢救被卷走的器材；在炸药包即将爆炸的生死存亡关头，他发扬不怕牺牲的大无畏精神，用生命践行了“一不怕苦、二不怕死”的豪迈誓言。王杰不怕流血牺牲的大无畏精神，彰显了他不畏困难、不惧风险、敢于斗争、勇于胜利的风骨和品质，这也是我们共产党员所具有的鲜明的特质。进入新时代，风险仍旧无处不在，习近平总书记在党史学习教育动员大会上的重要讲话中鲜明提出：“要教育引导全党大力发扬红色传统、传承红色基因，赓续共产党人精神血脉，始终保持革命者的大无畏奋斗精神，鼓起迈进新征程、奋进新时代的精气神。”“三不伸手”是王杰精神的底色，是一种享受在后、严于律己、干净做人

① 毛泽东：《毛泽东选集》第3卷，人民出版社1991年版，第1101页。

②《王杰日记》，人民出版社1965年版，第33页。

的高尚情操，反映了王杰干净无私、永葆本色的革命自律精神。严格自律是党的先进性和纯洁性的重要体现，是我们共产党人永远不变的政治本色。严格自律是中国共产党在实践中总结出的宝贵经验。中国共产党百年的历史是一部廉洁自律的历史，无数共产党员抛头颅、洒热血，无私奉献，不拿群众一针一线，严格遵从“三大纪律、八项注意”。中国共产党的百年历史更是一个通过不断自省而达到严格自律的过程。毛泽东同志曾说过：“房子是应该经常打扫的，不打扫就会积满了灰尘；脸是应该经常洗的，不洗也就会灰尘满面。我们同志的思想，我们党的工作，也会沾染灰尘的，也应该打扫和洗涤。”[①]王杰当兵四年，一直严格要求自己，做到了严格自律。他通过每天写日记总结思想、反省自己，做到“三省吾身”：面对“当工兵而不是坦克兵问题”，他大学毛主席著作，淬炼思想，提高觉悟；面对“要不得的第一”，他即知即改、立查立改；面对为“大家”还是为“小家”的抉择，他选择了“以服从祖国的需要为最快乐”；面对入党问题，他自我剖析，对照党章改正自己，并为自己定下了“三不伸手”的规则。在他看来，计较名誉、待遇、物质，不是一个真正的革命者所为，而应该把所有的精力用在全心全意为人民服务上。王杰以“三不伸手”为镜子，时时反省自己，处处对标先进，做到了淡泊名利、修身立德。现代社会中，诱惑无处不在，每个党员领导干部都应该模范践行“三不伸手”精神，常备自省之心，常思克己之道，常做律己之人。

---

① 毛泽东：《论联合政府》，《毛泽东选集》第3卷，人民出版社1991版，第1096页。

王杰精神已经成为一种结构多元的精神体系，这个精神体系在很多方面体现了中华民族精神与红色革命精神。王杰精神经过50多年的传承与发扬，已经成为中华民族精神的重要组成部分，丰富了红色革命精神文化谱系。今天，王杰精神已然跨越了年代，超越了英雄个体，成为一种精神的永恒存在，在中华民族的基因血脉中赓续传承，为新时代的发展提供强大的精神动力。

二、广大党员干部涵养政德的价值标杆

2018年3月10日，习近平总书记在参加十三届全国人民代表大会第一次会议重庆代表团审议时指出：“领导干部要讲政德。政德是整个社会道德建设的风向标。立政德，就要明大德、守公德、严私德。”这是党中央对新时代的党员干部如何修身立德提出的要求。对照新时代的这一标准，王杰依然是“明大德、守公德、严私德”的光辉模范。王杰的一生虽然短暂，但他终生树立远大理想，始终站稳政治立场，坚持长葆革命本色，始终坚守为人民服务的初心，成为跨越时代的楷模和永远的精神丰碑，为我们树立了修身立德的价值标杆。王杰精神饱含着的对党忠诚、做人干净、敢于担当等丰富的时代内涵，与“明大德、守公德、严私德”这一价值体系相通相融，是新时代党员干部修身立德的根本遵循。他用坚定的理想信念、党性原则和价值标准，为新时代广大党员干部提供了良好的参照榜样。

（一）王杰胸怀革命理想，对党忠诚，是党员干部明大德、讲党性的典范

明大德要求广大党员干部坚守理想信念，锤炼坚强党性，永远听党的话跟党走，切实做到对党无限忠诚。现在，中国特色社会主义

进入了新时代，我们要实现第二个百年奋斗目标，迫切需要广大党员干部传承红色基因，不断筑牢信仰之基、补足精神之钙、把稳思想之舵，以坚定的理想信念砥砺对党的赤诚忠心。王杰从小就树立了不怕牺牲、保家卫国的革命理想，一心为革命，永远跟党走，他这种明大德、讲党性、对党无限忠诚的品质永远值得广大党员干部学习。从这个意义上讲，王杰精神对于党员干部修好“大德”、修养党性显得弥足珍贵。

明大德、讲党性是每一个共产党人所应该具有、应该秉持的品格。广大党员干部要做到明大德，就必须像王杰一样胸怀共产主义远大理想。只有做到对理想信念的坚守，才能政治上坚定，保证政治方向不偏航，确保全党有统一的思想、一致的步伐。理想信念不是虚无缥缈的，不能停留在口头上，王杰每时每刻都把它体现在实际行动中。王杰胸怀革命理想，勤勤恳恳、任劳任怨，甘做革命“老黄牛”，只要是对党和人民有利的事情就全力以赴，把个人的精力全部放在党和人民的事业上，直到生命的最后一刻。在部队期间，他在修路期间的雪夜里主动为战友烤棉衣，在沂蒙山区国防施工期间“轻伤不下火线”，在誓师大会上刺破中指第一个血书请战，时时处处体现了他对党和人民的赤诚之心。

明大德归根结底是要做到对党忠诚。习近平总书记指出：“对党忠诚，是共产党人首要的政治品质。”[①]回顾我们党的百年历程，正是靠着千千万万党员的忠诚，我们党才战胜了无数艰难险阻，一路披荆

---

①《立志做党光荣传统和优良作风的忠实传人　在新时代新征程中奋勇争先建功立业》，《人民日报》2021年3月2日。

斩棘，取得令世人瞩目的辉煌成就。革命战争年代，面对白色恐怖，无数革命先烈在敌人的屠刀下大义凛然、宁死不屈，宁可牺牲宝贵的生命也绝不背叛党的事业。社会主义建设时期和改革开放时期，广大党员干部把党和人民的利益放在突出位置，埋头苦干，无私奉献，用实际行动诠释了对党、人民和社会主义事业的无限忠诚。

新时代要推进中国特色社会主义伟大事业，广大党员干部无论身处何位，都必须把好政治方向，站稳政治立场，始终与党中央保持高度一致，任何情况下都不改其心、不移其志。而少数党员干部做“两面人”、耍“两面派”，精心伪装，表面上拥护党的决策，实际上阳奉阴违，骗取党和人民的信任，丧失了党性，违背了党的宗旨，损害了党的形象，侵害了人民利益，对党和人民的事业造成极大危害，究其原因在于大德丧失、航向迷失，这与王杰对党的赤胆忠心形成了鲜明对照。时代在发展，使命在召唤，广大党员干部要处处以王杰为楷模，树立远大理想，时时处处注意发挥良好的模范带头作用，始终做到心中有党、心中有民、心中有责、心中有戒，在干事创业中砥砺对党的忠诚，以自己的实际行动赢得人民群众的信赖，向党和人民交一份满意的答卷。

（二）王杰不怕艰难困苦，敢于担当，是党员干部守公德、讲奉献的楷模

守公德要求广大党员干部坚持全心全意为人民服务的根本宗旨，恪守立党为公、执政为民的理念，信守对人民的承诺，做到无私奉献、敢于担当。党的根本宗旨是全心全意为人民服务，党永远代表着最广大人民的根本利益。百年来，党和人民风雨同舟、肝胆相照，始

终保持着血肉联系，党始终把人民对美好生活的向往作为自己的奋斗目标。把对人民的责任扛在肩上，担起该担当的责任是我们党始终保持强大战斗力的重要因素。我们正向第二个百年奋斗目标迈进，在全面建设社会主义现代化国家的道路上，情况会更加复杂，问题会更加棘手，充满了不可预知的困难和挑战。矛盾困难并不可怕，共产党人就是同矛盾困难做斗争的。矛盾困难越多，共产党人越要担当作为。要解决好我国社会发展中的深层次矛盾和问题，更好地发展中国特色社会主义事业，迫切需要广大党员干部发扬王杰大无畏的英雄气概，勇担重任，锤炼敢于担当的政治品格。

十八大以来，我们解决了许多长期想解决而没有解决的难题，办成了许多过去想办而没有办成的大事，靠的就是一大批讲奉献、敢担当的党员干部。他们面对各种矛盾问题敢于涉险滩、闯雷区，面对各种危机敢于挺身而出、奋勇在前，面对歪风邪气敢于站稳立场、坚决斗争。他们尽职尽责、努力作为，用百倍的努力和干劲战胜了诸多困难和挑战，化解了各种风险和问题。在现阶段，面对复杂问题，仍有一些党员干部存在不愿担当、不敢担当、不能担当的问题，遇到问题绕着走，碰到矛盾就退缩，面对风险不敢闯。这种不担当不作为，不仅使自己一事无成，而且对中国特色社会主义伟大事业造成严重危害。新时代的航程不是一帆风顺的，充满着惊涛骇浪，如果不去担当作为，怎么能实现民族复兴的重任？怎能对得起人民的重托？广大党员干部就是要为了民族复兴和人民的事业负重前行，为了国家的利益和人民的事业敢于担当。王杰就是敢于担当的楷模，是党员干部励志进取的一把标尺。面对艰难困苦，王杰总是迎难而上，在吃苦中锻炼自己的意志。在部队训练中，王杰苦练实战本领，首创了坦克道埋地雷；在沂蒙山区国防施工时，王杰总是冲在最前面，第一个冲进坑道检查爆破效果；生死危难之际，他完全可以自救，但是他选择了舍命一扑，表现出了大无畏的英雄气概。

王杰大无畏的担当精神为我们提供了干事创业不竭的力量源泉。新时代的党员干部能不能守住公德、心中有责、敢于担当，就要看他面对风险挑战能否挺身而出，特别是在急难险重的任务面前能否不退缩、打头阵、挑重担、当先锋。有多大担当，就有多大舞台。面对新长征路上的雄关漫道，广大党员干部必须注重不断增长自身破解矛盾难题的实际本领，把握好新时代发展要求，以壮士断腕的勇气和刮骨疗毒的气魄向各种问题顽疾亮剑，关键时刻能冲得出、豁得上、打得赢，真正成为攻坚克难、敢为人先的时代典范。党员干部要有心底无私天地宽的胸怀，甘于奉献，敢于担当，要着力在抵御风险、应对挑战上下功夫，在克服阻力、解决矛盾上练本领，在开拓进取、干事创业上蓄力量，要像王杰一样心中有责任、肩上有担当，充当新时代的闯将与先锋，在中国特色社会主义伟大实践中经风雨、长才干，完成历史和人民赋予的重任。

（三）王杰正确对待名利，干净做人，是党员干部严私德、守底线的榜样

严私德要求广大党员干部严格约束自己的操守和行为，戒贪止欲、克己奉公，切实把人民赋予的权力用来造福于人民，做到守底线、不伸手。中华民族历来都有注重操守、干净为官的传统，历来把清正廉洁作为评价官员的最高标准。王杰一生都在践行着“在荣誉上不伸手、在待遇上不伸手、在物质上不伸手”的人生箴言。“三不

伸手”就像一面镜子，能照出一个共产党员的品行操守和价值追求，既是党员干部廉洁从政的基本准绳，也是日常生活中修身立德的必然要求。作为一个新时代的党员干部，必须要把“三不伸手”作为党性原则和高度自觉的准则，树立正确的名利观和底线思维，顶得住诱惑，经得起考验，分得清得失，始终牢记全心全意为人民服务的根本宗旨，始终保持健康的生活情趣和高尚的精神追求，坦坦荡荡做人，干干净净做事。

王杰的一生光明磊落，他的一言一行都闪耀着党性的光辉。在荣誉问题上，即便是犯了别人没有轻易发现的错误，自己也要主动承认。在待遇问题上，他吃苦在前，享受在后，每次训练结束后不顾自己劳累，主动去帮助炊事员打水刷盆，每天早早起床帮战士打好洗脸水，把节省下的绝大部分津贴给战友们买了学习资料。服役期间，他更是三次推迟婚期，四次让出探亲假，直到连长给他偷偷买好火车票，他才第一次登上了千里探亲的回家之路。谁也没有想到，这竟然成了他和亲人们见的最后一面。在物质上，他发扬艰苦奋斗的优良作风，曾在日记中写道：“一个人吃好穿好不算幸福，只有天下穷苦的人都过上美好的生活，才是真正的幸福。如果一个人对自己的吃穿太讲究，日子长了，就会忘本，就会脱离群众，就会慢慢地失掉革命的劲头。”[①]日常生活中，他节约每一滴油、每一个螺丝钉，见到牙膏皮总是收集起来交给废品收购站，用实际行动践行着勤俭节约的优良传统。

习近平总书记说过：“‘三不伸手’是一面镜子，共产党员都要

---

① 王杰生前所在部队编：《王杰》，解放军出版社1990年版，第37页。

好好照照这面镜子。”[①]打铁必须自身硬，是新时代对共产党人提出的更高要求。广大党员干部投身在新时代中国特色社会主义伟大事业这个大熔炉里，必须敢于接受这个伟大时代的考验与锻造，在更高的起点和标准上强化自我党性修养，廉洁自律修身，始终保持良好的党员干部形象，始终做到自警、自省、自重、自励，自觉接受纪律的约束和人民的监督，始终保持一名真正共产党员应该具备的品行和操守。党的十八届六中全会审议通过的《关于新形势下党内政治生活的若干准则》明确规定：“坚决禁止向党伸手要职务、要名誉、要待遇行为。”这是十八大后以习近平同志为核心的党中央提出的明确要求，与王杰的“三不伸手”精神是相通的，体现了一名党员干部应该具有的党性修养。

广大党员干部在工作中要始终保持清醒的头脑，始终保持坦荡的胸怀，廉洁奉公、勤政为民。近些年来，在个别党员干部中存在的形式主义、官僚主义、享乐主义和奢靡之风等问题屡禁不止，人民群众深恶痛绝。更有少数党员干部一味地追求更好的待遇，甚至以权谋私、贪赃枉法，严重损害了党的形象。探究其背后的原因，我们不难发现，这些党员干部不同程度地缺失正确的名利观、荣辱观，经受不住利益的诱惑，丧失了政德底线，忘记了初心使命，最终落得个身败名裂的可耻下场，教训十分惨痛而深刻。

无论什么时候，广大党员干部都需要像王杰一样坚守“三不伸手”的清廉底色，淡泊名利、自省律己；要时刻牢记入党就是吃苦奉

---

①《深入学习贯彻党的十九大精神　全力推进新时代练兵备战工作》,《解放军报》2017年12月15日。

献，就应该多为党尽责，少向党伸手，就应该无私奉献、忠诚为民；要始终分清公私边界，严守为政底线，坚持严以修身、克己奉公，时刻保持一心为民的公仆本色，立足岗位成就伟大事业。

王杰精神是一面镜子，更是一个价值标杆。全面建设社会主义现代化国家的新征程已经开启，要实现第二个百年奋斗目标，实现中华民族伟大复兴的中国梦，需要广大党员干部时刻保持清醒头脑，修好大德，始终坚定中国共产党人的政治品格，守好公德，严把私德，永葆对党忠诚、干净做人、勇于担当的信念。在实现第二个百年奋斗目标的征途中，我们仍然面临着“四大考验”和“四大危险”，面临着西方资本主义国家的和平演变与分化。对于这些危险，我们必须深入践行王杰精神，传承其时代价值，勇于克服前进道路上的各种危险挑战，以百倍的信心和勇气进行伟大斗争和建设伟大工程。广大党员干部无论顺境逆境、无论是否担任领导职务，在任何时候任何情况下都要自觉做到听党话、跟党走，带头为党分忧、为党尽责，时刻与党和人民同心同德、风雨同舟，推进中国特色社会主义伟大事业再上新台阶。

三、实现中华民族伟大复兴的精神动力

任何一个民族，如果没有一种精神力量作为支撑，没有一种良好的精神状态，都是难以生存的。一个精神上空虚的民族，是不可能真正振兴的。中华民族能够在几千年的历史长河中生生不息、薪火相传，一个重要的原因就在于中华民族有着一脉相承的精神追求、精神特质、精神脉络。推进新时代中国特色社会主义事业，实现中华民族伟大复兴的中国梦，必须弘扬伟大的中国精神。用民族

精神、革命精神和时代精神汇集而成的中国精神来振奋全体中国人民的“精气神”，为实现中华民族伟大复兴的中国梦凝聚力量。在中国精神的宝库中，王杰精神熠熠生辉，始终散发着人性和党性的光辉。它不仅是中华优秀传统文化和民族精神的继承和升华，更是民族精神和革命精神的时代结晶。50多年来，王杰精神在中华大地上血脉延续，涌现出了李彦清、林俊德、张先军、刘丙军、杜富国等一大批“王杰式”模范人物，涌现出了“王杰班”、“珍宝岛战斗十英雄”、对越自卫反击战英雄模范等英雄集体。在时代的变迁中，他们让王杰精神薪火相传、历久弥新。今天，中国特色社会主义已进入新时代，弘扬和传承王杰精神必将为实现中华民族伟大复兴注入强劲的精神动力。

2012年11月29日，新一届中央领导集体到国家博物馆参观《复兴之路》展览，习近平总书记发表重要讲话，提出和阐释了中国梦。他指出：“每个人都有理想和追求，都有自己的梦想。现在，大家都在讨论中国梦，我以为，实现中华民族伟大复兴，就是中华民族近代以来最伟大的梦想。”①

中国梦的本质内涵是国家富强、民族振兴、人民幸福，它凝聚了几代中国人的夙愿，凝结着无数仁人志士的不懈努力。新中国成立以来，特别是改革开放40多年来，在中国共产党领导下，中国人民实现了一个又一个伟大飞跃。“今天，我们比历史上任何时期都更接近、更有信心和能力实现中华民族伟大复兴的目标。行百里者半九十。中

---

① 中共中央文献研究室编：《十八大以来重要文献选编》(上)，中央文献出版社2014年版，第84页。

华民族伟大复兴，绝不是轻轻松松、敲锣打鼓就能实现的。全党必须准备付出更为艰巨、更为艰苦的努力。”[①]2013年3月17日，习近平主席在第十二届全国人民代表大会第一次会议上提出了实现中国梦的具体路径，其中一条就是“实现中国梦必须弘扬中国精神”。

中国精神是世代中华儿女顽强奋斗、克服困难、生生不息的信念，是以爱国主义为核心的民族精神和以改革创新为核心的时代精神的统一。它随着历史的发展不断丰富，形成了包含诸多具体精神形态的精神体系。有以爱国主义为核心的民族精神；以红船精神为起点，包括井冈山精神、长征精神、延安精神、沂蒙精神、西柏坡精神、抗美援朝精神等在内的革命精神；有社会主义建设时期的红旗渠精神、大庆精神、雷锋精神、王杰精神、“两弹一星”精神；也有改革开放时期的创业精神、女排精神、抗震救灾精神；更有新时代的脱贫攻坚精神、劳模精神、抗疫精神。王杰精神就是中国精神的重要组成部分，是民族精神和革命精神的丰富与发展。

1964年，王杰在日记中写道：“我们革命战士就要发扬‘火车头’的雷厉风行，说干就干的精神，发扬‘红军不怕远征难，万水千山只等闲’的精神，发挥冲锋陷阵，身先士卒的带头作用，同时还要具备‘老黄牛’的忠心耿耿、埋头苦干的精神。”[②]在这些精神的滋养下，在革命的实践中，一种具有独特标识的精神——王杰精神——逐步形成，这就是无限忠诚、为党为民的“一心为革命”精神，血性担

① 习近平：《决胜全面建成小康社会　夺取新时代中国特色社会主义伟大胜利——在中国共产党第十九次全国代表大会上的报告》，人民出版社2017年版，第15页。

② 王杰生前所在部队编：《王杰》，解放军出版社1990年版，第72页。

当、无畏牺牲的“两不怕”精神，干净无私、永葆本色的“三不伸手”精神，其实质就是坚定的理想信念、默默无闻的奉献精神、锐意进取的创新精神、舍生忘死的英雄精神，它们是新时代实现中华民族伟大复兴的强劲精神动力。

（一）用王杰精神坚定信念、砥砺前行

习近平总书记在会见第四届全国文明城市、文明村镇、文明单位和未成年人思想道德建设工作先进代表时指出：“一个国家，一个民族，要同心同德迈向前进，必须有共同的理想信念作支撑。”这个共同的理想信念就是共产主义远大理想和中国特色社会主义共同理想，它是中国共产党人的精神支柱和政治灵魂。如果没有理想信念或者理想信念不坚定，精神上就会“缺钙”，就会得“软骨病”，就会在风险挑战面前左摇右摆，甚至败下阵来。共产主义远大理想和中国特色社会主义共同理想，始终是中国共产党人坚定立场不可缺少的因素，始终是党员、干部“咬定青山不放松，任尔东西南北风”的决定性因素。理想信念对一个党员、一个政党如此，对一个民族、一个国家也是如此。在实现中华民族伟大复兴的关键时期，改革发展稳定任务之重前所未有，风险挑战之多前所未有。越是任务艰巨、形势复杂，越需要坚定的理想信念作为砥砺前行的精神支柱。人民有信仰，国家有力量，民族有希望。这个信仰就是人民对中国共产党的拥护和坚信，对中国特色社会主义共同理想的信念和信心。王杰“一心为革命”的精神就是对党的无限忠诚，就是坚定的理想信念。“为了党，我不怕进刀山入火海，为了党，哪怕粉身碎骨我也心甘情愿。”[①]为了革命工

① 《王杰日记》，人民出版社1965年版，第54页。

作，王杰三次推迟婚期，四次让出探亲假。他一颗红心永向党，曾多次向党组织递交入党申请书，但最终未得到批准，他经过短暂的思想波动后，没有消极沉沦、自暴自弃，反而躬身自省，更加坚定了一心向党、永远为党的信念。王杰是坚定理想信念的典范，弘扬与传承王杰“一心为革命”的精神，有助于人们牢固树立对共产主义的信仰、对中国特色社会主义的信念，筑牢全体人民共同的思想基础和精神纽带，有助于人们增强政治认同，坚定“四个自信”，紧密团结在中国共产党周围，坚定信念跟党走，高举中国特色社会主义伟大旗帜，心无旁骛、同心同德、锐意进取、埋头苦干，矢志不渝地为实现中华民族伟大复兴的中国梦而奋斗。

（二）用王杰精神纯正思想、无私奉献

习近平总书记指出：“追梦需要激情和理想，圆梦需要奋斗和奉献。”①奉献是中华民族的传统美德，也是中国共产党的精神底色。奉献具有层次性，付出辛劳和汗水是奉献，贡献青春和才智是奉献，舍弃财富、牺牲名誉是奉献，献出最宝贵的生命更是奉献。在几千年的历史长河中，中国人民勇于付出，甘于奉献，不断推动社会进步。中国共产党诞生伊始，就明确自己是中国工人阶级的先锋队，以实现共产主义作为最高理想。党章明确规定，共产党员必须“坚持党和人民的利益高于一切，个人利益服从党和人民的利益，吃苦在前，享受在后，克己奉公，多做贡献”。入党誓词明确提出：“为共产主义奋斗终身，随时准备为党和人民牺牲一切，永不叛党。”这说明，共产党员讲奉献不是可有可无的选择，而是必须履行的义务。中国共产党人

---

①《习近平在北京大学师生座谈会上的讲话》，《人民日报》2018年5月3日。

以自己的无私奉献，为中华民族伟大复兴前仆后继、流血牺牲、艰苦奋斗，使中国迎来了从站起来、富起来到强起来的伟大飞跃，中国特色社会主义进入了新时代，中华民族伟大复兴开启了新征程。全面建设社会主义现代化国家不是凭空描绘的，更不是说说而已的，而是必须朝着既定目标攻坚克难、不断奋勇前进，一步一个脚印去努力实现的，需要每个人真诚付出、甘于奉献、艰苦奋斗。

王杰是一个克己奉公、忘我奉献的人。在生活中，他为素不相识的老大娘买车票；“请假”外出，他帮助吃力地拉着碎石平板车的老大爷推车；修路期间，他在风雪夜里为20多名战友烤棉衣，熬夜到凌晨3点多。在困难危险面前，王杰总是冲在最前面，脏活累活抢着干。部队寒夜架桥，王杰第一个跳进刺骨的水里打桩，并接连干了两班；到天津静海抗洪抢险，王杰在激流中勇于探路，胳膊上被划出道道血痕也在所不惜；抗美援越动员会后，王杰第一个刺破中指，写下请战血书；千钧一发之际他扑向炸点，英勇献身。不论是日常的小事还是关键时刻的壮举，无不体现了王杰的克己奉公与责任担当。这是在“一心为革命”信念支配下形成的无私奉献的忘我精神，也是敢于担当的负责精神，是为党为人民的大奉献。弘扬与传承王杰式的奉献精神，有助于提升人们的思想境界，使我们胸怀大局、心有大我，敢于担当，勇于负责，坚持为党为人民矢志奋斗，形成人人想奉献、人人愿奉献、人人乐奉献的思想氛围，并立足本职岗位，主动担当作为，淡泊名利，忘我奉献，脚踏实地，埋头苦干，以实实在在的业绩助力民族复兴的航船行稳致远。

（三）用王杰精神守正创新、开拓进取

“创新是一个民族进步的灵魂，是一个国家兴旺发达的不竭动力，也是中华民族最深沉的民族禀赋。”[①]它是一种不满足于已知、勇于探索未知、创造新知的精神品质，是激发、形成创造活力的动力。新时代，要实现中华民族伟大复兴的中国梦，推动国家经济社会的新发展，就需要以创新精神创造性地解决发展过程中所遇到的问题。习近平总书记在参加十二届全国人大三次会议上海代表团审议时强调：“创新是引领发展的第一动力。抓创新就是抓发展，谋创新就是谋未来。”王杰是一个富有创新精神、敢为人先的创造者。在业务上，他是技术能手，凡事爱琢磨，研究能力强，创造性地革新制作训练器材，利用旧器材研发制作了信号雷和各种应用教练雷，在邳县组织民兵训练时所用的绊发防步兵应用地雷就是王杰发明的；他还创造性地解决了训练中面临的一些技术难题，比如攻克了夜战中如何精确测量夜间道路坡度的问题，创造了在坚硬的坦克道上埋地雷的实战练兵典型案例。因此，王杰成了当时连队里有名的革新家。他的这些革新创造对军队的训练水平和战斗力提升发挥了很大作用。“惟改革者进，惟创新者强，惟改革创新者胜。”[②]站在新的历史起点上，面对中华民族伟大复兴的艰巨历史任务，我们在发展理念、制度体制、核心技术、评价体系、高质量发展等各个领域、各个方面都需要创新突破，都需要这种奋发图强的创新精神。弘扬与传承王杰敢闯敢试、锐意创新的精神，有助于人们敞开思想谋划新思路，放开手脚追求新突破，把创新同全面深化改革、乡村振兴、保护生

① 《习近平谈治国理政》，外文出版社2014年版，第59页。

② 2014年11月9日，习近平在亚太经合组织工商领导人峰会开幕式上的演讲。

态环境、构建新发展格局等重大战略任务和满足人民美好生活需要的各方面民生需求相结合，以理念的创新、制度的创新、技术的创新、流程的再造、环境的优化等创新成果不断开创工作新局面，推进中华民族伟大复兴的实现。

（四）用王杰精神昂扬士气、敢于斗争

一个有希望的民族不能没有英雄，一个有前途的国家不能没有先锋。英雄是民族最闪亮的坐标，它标注了时代的价值取向。中华民族是一个英雄辈出的民族，历史上，每到生死存亡的关键时刻，总会有民族英雄挺身而出，力挽狂澜。近代以来，无数的中华儿女以大无畏的牺牲精神为中国革命事业建立了彪炳史册的功勋，彻底扭转了中华民族的命运。新时代实现中华民族伟大复兴，同样也离不开英雄，离不开英雄精神。

2015年9月2日，习近平总书记在中国人民抗日战争胜利70周年纪念章颁发仪式上的讲话中指出："今天，中国正在发生日新月异的变化，我们比历史上任何时期都更加接近实现中华民族伟大复兴的目标。实现我们的目标，需要英雄，需要英雄精神。"英雄精神是中华民族精神的重要组成部分，体现了中华民族的优良传统和品质，也是红色革命精神的重要组成部分。英雄精神是初心不改、奋斗不止的执着，是冲锋陷阵、视死如归的勇敢，是不惧苦难、舍生取义的忠贞，是顽强拼搏、精忠报国的壮举，更是默默无闻、无私奉献的情怀。

王杰是从普通的士兵成长起来的伟大的共产主义战士，他平常不怕苦和累，关键时刻冲上去，以实际行动阐释了革命英雄主义精神的真谛，铸就了无畏困难、勇往直前的"两不怕"精神。这种"两不

怕”精神是中华民族勤劳勇敢、舍生取义精神的折射，更是中国共产党勇于斗争、不怕牺牲、甘于奉献精神的传承。习近平总书记在国家勋章和国家荣誉称号颁授仪式上的讲话中强调：“全党全国各族人民要像英雄模范那样坚守、像英雄模范那样奋斗，共同谱写新时代人民共和国的壮丽凯歌！”弘扬和传承王杰式的英雄精神，能够鼓舞、鞭策我们不断拼搏进取，在困难矛盾面前敢于迎难而上，在危机挑战面前敢于挺身而出，时刻保持“明知山有虎，偏向虎山行”的斗争姿态，勇立潮头、奋勇搏击，在斗争中推进工作、开创新局，在平凡岗位上履职尽责、干事创业，众志成城守护和创造美好生活，凝聚起无坚不摧、无往不胜的磅礴力量，共圆伟大中国梦。

后 记

精神的力量是无穷的！王杰精神起源于孔孟之乡，成长于红色沃土，锻造于军队熔炉，淬炼于沂蒙，闪光于纵身一扑，传承于新时代。王杰既是一位优秀的中华儿女，又是一位伟大的共产主义战士，已经成为伟大民族英雄精神的符号象征。习近平总书记关于王杰“两不怕”精神的论述先后达 20 多次，而且特别指出，王杰“在荣誉上不伸手、在待遇上不伸手、在物质上不伸手”，这“三不伸手”是一面镜子，共产党员都要好好照照这面镜子。

值此建党百年和全党开展党史学习教育之际，为充实和丰富民族精神理论宝库，满足干部政德教育培训需求，我们坚持以党的十九大精神为指导，针对党员干部的特点，集中组织研究团队广泛查阅资料，认真审慎地编写了本书。全书共分五章，对王杰精神的内涵实质、三大构成、形成过程、价值体系和新时代的价值意义进行了诠释与解读。王杰精神折射出的“忠诚、干净、担当”和“明大德、守公德、严私德”等精神品质，值得我们在学思践悟中予以传承与弘扬。

在本书的编写过程中，我们查证了大量的历史文献、报刊文章和人物传记，得到了曹二刚、周凤森、童方明、展文明、孔凡振等专家学者和领导给予的大力帮助与指导，以期能更好更全面地阐述王杰精神和其时代传承价值。济宁（金乡）干部政德教育基地的全体教员和金乡县委党校的部分教员参与了文稿的起草、编写工作，济宁干部政德教育学院教学研究部参与了书稿的组织、论证和审校工作，贡献了辛勤劳动的汗水。

由于能力所限，疏漏和错误之处在所难免，恳请专家、读者批评指正。

编　者

2021 年 5 月